U0956137

提升国家科技图书文献中心（NSTL）资源与服务质量的对策研究

吴育良　著

中国宇航出版社

·北京·

图书在版编目（CIP）数据

提升国家科技图书文献中心（NSTL）资源与服务质量的对策研究 / 吴育良著. -- 北京 : 中国宇航出版社, 2024.2

ISBN 978-7-5159-2328-4

Ⅰ. ①提… Ⅱ. ①吴… Ⅲ. ①科技情报－情报服务－研究－中国 Ⅳ. ①G252.8

中国版本图书馆CIP数据核字(2023)第256227号

策划编辑 李昕遥　**装帧设计** 刘雅娴
责任编辑 刘　杰　**责任校对** 李光燕

出版发行 中国宇航出版社
社　址 北京市阜成路 8 号　**邮　编** 100830
（010）68768548
网　址 www.caphbook.com
经　销 新华书店
发行部 （010）68767386　（010）68371900
（010）68767382　（010）88100613（传真）
零售店 读者服务部
（010）68371105
承　印 三河市君旺印务有限公司
版　次 2024 年 2 月第 1 版　2024 年 2 月第 1 次印刷
规　格 880 × 1230　**开　本** 1/32
印　张 3.5　**字　数** 82 千字
书　号 ISBN 978-7-5159-2328-4
定　价 54.80 元

本书如有印装质量问题，可与发行部联系调换

目录

CONTENTS

引 言

研究背景与意义

科技文献是科学研究和科技进步成果的具体表现形式，为科学技术的进一步发展提供坚实的基础，因而，科技文献信息资源历来是国家重要战略资源之一的知识资源的重要指标，特别是21世纪全球进入知识社会与信息社会之后，它的重要性亦与日俱增。科技人员对科技文献信息资源的占有程度和获取资源的便利程度，已成为一个国家科技进步和社会发展水平的重要标志之一。世界各主要发达国家和各种国际组织都十分重视科技文献信息资源的建设与开发利用工作，投入大量资金支持大型科学数据中心（库）群或信息网的建设。如，美国的国家航空航天局（NASA）、美国国家海洋与大气管理局（NOAA）、美国地质调查局（USGS）和美国国立卫生研究院（NIH），都在政府的政策扶持和大量资金的投入下，建成了一批规模化、影响度高的科学数据中心（库）群，不仅为美国的科技、经济、社会发展带来了显著的效益，而且面向全世界提供服务[1]。

---

[1] 中国互联网协会，中国互联网络信息中心. 中国互联网发展报告[M]. 北京:人民邮电出版社，2004:309.

又如，日本早在1992年就制定了大力加强科研数据库基础建设和构筑全国科研信息网络规划，从1994年开始实施，政府投入巨资（5万亿日元）建设政府部门、大学、科研机构的数据库，构筑跨地区、跨部门、跨学科的全国科研信息网络[1]。再如，欧盟数字图书馆于2008年11月20日在布鲁塞尔正式启动。进入该图书馆的门户网站[2]，就可以查阅来自欧盟27国的书籍、手稿、音乐、绘画、照片和电影等丰富多彩的信息和资料。欧盟委员会承诺2009年至2010年间拨款1.2亿欧元，帮助各成员国把珍藏的各类文化资料和艺术收藏品数字化，增加欧盟数字图书馆的馆藏，完善其功能。

我国于20世纪90年代后期，为了避免各级各类科技文献信息机构间文献布局分散、低水平重复建设等问题，在科技部的统一协调和相关部委的共同努力下，经国务院批复，于2000年6月12日正式建立国家科技图书文献中心（National Science and Technology Library，简称NSTL）。

NSTL是一个国家级的综合性科技信息机构，根据国家科技发展需要，按照“统一采购、规范加工、联合上网、资源共享”的原则，采集、收藏和开发理、工、农、医各学科领域的科技文献资源，面向全国开展科技文献信息服务，致力于建成目前我国最大的科技文献资源共建共享服务体系。NSTL令我国有限的文献购置经费的使用

---

［1］中国互联网协会，中国互联网络信息中心. 中国互联网发展报告[M]. 北京：人民邮电出版社，2004：309.

［2］http://www.europeana.eu

发挥出最佳效果，使国家拥有的科技文献信息资源存量和增量更好地服务于我国的科学发展和技术创新。NSTL的建立，不仅对更好地开发利用现有科技信息资源具有现实意义，而且对于逐步实现中国与国际信息资源网络系统接轨有着更为重要的影响。

迄今为止，NSTL已成立23周年，NSTL的国家科技文献资源战略保障体系建设已取得重大进展。这其中主要有：一是印本外文资源（期刊、会议录等）订购总量超过25 744种，数字外文资源（光盘数据库、网络版数据库等）订购近264 726种；二是文献信息服务获得了突破性进展，主要表现为：网络服务系统检索访问情况从2001年的475万人次增长到2021年的4 289万人次，文献全文传递从2001年的25 414篇增加到2021年的7 234 773篇[1]。

科技文献信息资源共享是国家科技创新的重要支撑和基础保障条件，随着我国综合国力的提高以及科技人力资源的不断充实，NSTL在保障我国国家科技文献战略资源及满足科技人员的科技信息资源需求方面发挥了重要作用。但与我国国家科技创新的要求和用户的需求，与国外发达国家的图书馆联盟相比，NSTL还存在着一定的差距。如，与图书馆联盟的典范联机计算机图书馆中心（Online Computer Library Center，简称OCLC）相比，一是NSTL成员范围较小，只有7个成员馆，还没发展成为全国性图书馆联盟，而OCLC已从最初的州内大学图书馆联盟发展成为世界性、全国性的图书馆

[1] 国家科技图书文献中心.2021年度报告.国家科技图书文献中心统计资料汇编[C].北京：国家科技图书文献中心，2021.

联盟；二是NSTL的资源范围相对狭窄，且收录资源语种较少，检索功能较单一，对用户的帮助与支持不够人性化。为了进一步总结NSTL的成功经验和教训，为NSTL的发展奠定坚实的基础，有必要对NSTL的发展进行回顾和总结，对国内外数字环境下科技文献信息事业的现状及发展趋势进行深入的探讨，深入剖析NSTL资源建设与服务方面存在的问题及差距，提出改进的意见和建议，为谋划NSTL的发展战略提供保障，缩小我国科技信息资源共建共享工作与国外发达国家之间的差距，努力接轨国际信息资源网络，把NSTL建设成为一个适应数字时代要求的，集成化、知识化的国家级科技文献信息资源战略保障服务系统。

国内外相关研究现状

为了能全面了解和把握国内外学者对这一领域的研究状况，利用EBSCO出版公司网站的免费数据库——《图书馆、信息科学与技术文摘》（*Library*，*Information Science & Technology Abstracts*，简称LISTA），从主题词途径分别查找“library coalition”“library consortia”“library network”，共检索到“library coalition”相关文献838篇，“library consortia”相关文献1 079篇，“library network”相关文献21 163篇；利用中国知网的中国学术期刊全文数据库、中国优秀博硕士学位论文数据库、中国重要会议论文数据库，以关键词途径检索“图书馆联盟”，共检索到相关期刊论文791篇，学位论文8篇，会议论文5篇。通过对检索结果的分析，可以发现国内外学者对“图书馆联盟”这一领域的研究内容大都涉及联盟概念与作用、联盟组建原因、联盟管理、联盟实体研究等方面。

如，国外学者库珀（J. J. Kopp）对图书馆联盟这一概念的源流进行了考证，对联盟的历史和早期情况进行了比较深入的研究[1]。国内学者戴龙基、张红扬从联盟定义、历史任务、联盟文化、联盟模式和联盟管理等方面全方位地论述了图书馆联盟的概念[2]。国外学者波特（W. G. Poter）详细分析了近期图书馆联盟兴起的原因[3]。亚历山大（A. W. Alexander）认为，19世纪90年代是美国图书馆合作的分水岭。一个世纪以后，以提供低成本电子信息资源为目的的新型图书馆联盟出现，成为图书馆合作的又一个里程碑。他分析了图书馆合作的动机、潜在的障碍和成功的关键因素，考察了图书馆的服务质量和图书馆的合作关系，并指出经费限制、信息资源价格持续上涨和技术发展是影响图书馆联盟未来发展的因素[4]。 国外学者玛

[1] KOPP J J. Library consortia and information technology: the past，the present，the promise[J]. Information technology and libraries，1998，17(1)：7-12.

[2] 戴龙基，张红扬. 图书馆联盟——实现资源共享和互利互惠的组织形式[J]. 大学图书馆学报，2000，18(3)：36-39.

[3] POTTER W G. Recent trends in statewide academic library consortia[J]. Library trends，1997，45(3)：416-434.

[4] ALEXANDER A W. Toward “the perfection of work” : library consortia in the digital age [J].Journal of library administration，1999，28(2)：1-14.

丽亚（Maria）等人认为，一个图书馆联盟的成功要依赖以下因素：一是依赖法律体制，这既可以避免官僚作风，也能保证联盟以稳定而有效的方式面对未来的挑战；二是要有多学科的人员队伍管理和发展合作活动，尤其是当联盟转化为商业性机构时，仅仅依靠图书馆馆长的管理是远远不够的；三是要具备相互信任的机制；四是要有充足的资源；五是要具有开拓其他活动的灵活性[1]。国内学者蒋敏探讨了中国图书馆联盟建设与发展的特点及对信息资源共建共享的影响，分析了中国图书馆联盟的实践工作、理论研究的进展及其特点[2]。林嘉介绍了欧美及我国图书馆联盟建设与发展的基本情况，并分析了其服务功能[3]。李国庆则以实例探讨了美国俄亥俄州图书馆与信息合作网络资源共享联盟[4]。

为了进一步了解和把握国内学者对NSTL的研究情况，通过相关网站的主题搜索对2000年以来与NSTL这一主题有关的图书、期刊论文、学位论文、会议论文、研究项目等进行了调查分析，所利

---

[1] ARENAS M L, MOREL M P, JASMEN A M. Four years of academic library co-operation in Chile “alerta al conocimiento” [J]. Interlending & document supply, 2000, 28(4)：163-168.

[2] 蒋敏. 中国图书馆联盟的建设与信息资源共建共享的发展[J]. 图书馆工作与研究，2006，28(4)：4-6.

[3] 林嘉. 欧美及我国图书馆联盟的建设与发展[J]. 图书情报知识，2003，24(2)：75-77.

[4] 李国庆. 世界图书馆联盟的典范：OhioLINK信息资源共享模式研究[J]. 图书情报工作，2006，28(4)：4-6.

用的检索工具有：中国国家图书馆OPAC系统、中国知网的中国学术期刊全文数据库、中国优秀博硕士学位论文数据库、中国重要会议论文数据库和中国重要报纸全文数据库。结果如下。

表1 我国有关NSTL研究成果文献类型分布

类型	图书	期刊论文	学位论文	会议论文	报纸
中国国家图书馆					
中国学术期刊全文数据库		82			
中国优秀博硕士学位论文数据库					
中国重要会议论文数据库				3	
中国重要报纸全文数据库					11
汇总		82		3	11

从统计结果中不难看出，国内学者对NSTL的研究也大都集中在期刊文献，学位论文和专著均未涉及。这也从另一侧面反映出有关NSTL的研究在我国学术界尚未引起足够的重视，关于NSTL的研究有待进一步加强和深化。

对82篇有关NSTL研究的期刊论文的主题内容进行了统计分析，结果如表2所示。

表2　有关NSTL研究的中文期刊论文的主题分布

主　题	年　份										总计
	2000	2001	2002	2003	2004	2005	2006	2007	2008	2009	
系统介绍	5	5		2	1	1	1				15
资源服务		1		7	5	3	2	4	2		24
建设发展		1	2	3	5	3	1	2	3	4	24
比较评价						1		3	2	1	7
其　他			1	1	1	2	1	2	4		12
总　计	5	7	3	13	12	10	5	11	11	5	82

上表中各主题涉及的主要内容如下。

“系统介绍”主题：NSTL成立、NSTL章程、NSTL理事会成员和共建共享系统情况等。

“资源服务”主题：NSTL提供的各种服务介绍，包括文献检索、全文传递、参考咨询等，NSTL专题数据库所提供的服务和专题数据库具体服务方式、服务利用状况的统计分析等。

“建设发展”主题：NSTL建设的现状及发展的思考、镜像站点的建设发展、利用NSTL资源建设专题文献数据库等。

“比较评价”主题：NSTL与中国高等教育文献保障系统（China Academic Library & Information System，简称CALIS）、中国高校人文社会科学文献中心（China Academic Social Sciences and Humanities Library，简称CASHL）等共建共享系统间的比较，NSTL的馆藏资源和服务方式的评价。

“其他”主题内容体现与NSTL资源有关的成果，这些成果并非专门讨论NSTL，但提及NSTL。如NSTL网络服务系统培训课件的设计与研制。

此外，国内召开的一些学术研讨会也把NSTL作为主题之一，如中国科学院文献情报中心与国家科技图书文献中心联合主办的“知识管理：图书馆的机遇挑战”学术研讨会，国家科技图书文献中心与美国雪城大学联合举办的“第三期中美数字图书馆高级研讨班”等。

通过对上述论文主题的分析，不难看出学术界对NSTL的研究，经历了最初对NSTL进行总体介绍，逐步过渡到对NSTL所提供各类服务的探索，再延伸到对NSTL建设和发展的思考。通过进一步分析发现，多数关于NSTL建设发展的研究论文主要以NSTL中心所属的镜像站点的开通运行和利用NSTL文献资源建设专题文献数据库等相对浅层的理论问题进行探讨的文章居多，而对NSTL现行资源与服务方式存在的问题和提出改进的建议等较深层次问题展开讨论的文章较少，此方面研究有待进一步加强，本书拟在这些方面进行探索。

主要研究内容与方法

本书的主要思路在于通过大量的问卷调查和对NSTL网站检索与服务的实践体验，分析NSTL网站现行资源与服务方式存在的不足，据此提出改进的意见和建议，并就NSTL网站的推广提出全方位营销策划方案。

本书的主要内容是探讨NSTL现行的文献保障体系、服务方式、网站检索及数据质量、网络架构等方面存在的问题，并就这些问题提出改进意见，对网站信息组织提出优化建议，以促进NSTL的进一步发展，增强NSTL的互操作机制，以满足用户的个性化需求，消除网络安全隐患，提高数据质量。

本书的研究重点主要有下述几个方面：第一，NSTL现行文献保障体系在文献保障、数据质量、网络安全等方面存在的问题及改进建议；第二，分析和探索NSTL服务方式的互操作机制，构建开放式的服务体系；第三，NSTL网站的全方位推广策略。

本书在研究中主要采用问卷调查、个案研究、实验法、文献研究等方法。

实验法：通过逐一使用NSTL网站提供的检索、全文文献传递、参考咨询等各类资源和服务，从中发现NSTL资源本身与服务方面存在的问题，提出改进的意见和建议。

问卷调查法：本书通过在浙江省科技情报研究所发放开放式问卷调查，并在其网站上进行网络调查，了解科研人员对NSTL文献信息资源利用和服务的实际需求，以及对网站推广的具体建议。

文献研究法：即对已有的NSTL研究成果做进一步的汇总与分析。

论著新意之处

本书从更深层面探讨NSTL在资源与服务、数据质量、网络安全等方面存在的问题，并就资源的完整性、互操作机制的完善、数据质量的规范、网络安全的设计等问题提出具体建议，以期能促进NSTL进一步优化资源与服务，更好地为我国科研人员提供服务。

本书在发现问题、解决问题的基础上还进一步探索了NSTL网站的推广策划方案，提出优化网站信息组织、搜索引擎推广、资源合作推广、电子邮件推广、学术会议推广、设高校奖学金及科研项目推广等涵盖全方位的NSTL网站宣传推广方案，提出把网站营销这一商业性概念引入公益性图书馆网站的建议，希望能抛砖引玉，引起图书馆学界开展公益性图书馆网络营销的深入讨论。

❶ NSTL 现有资源与服务

1.1 NSTL系统概述

1.1.1 组成结构

NSTL是一个虚拟式的科技信息资源机构，通过其中心网站、镜像站点及服务站点，面向全国提供馆藏文献的查询、检索、全文提供和各项电子信息服务，是中国目前为各界用户提供科技文献信息服务的一个新颖便捷的大型网络服务系统。

NSTL 是一个由多家实体信息机构组成的虚拟信息单位，其成员单位包括中国科学院文献情报中心、工程技术图书馆（中国科学技术信息研究院、机械工业信息研究院、冶金工业信息标准研究院、中国化工信息中心）、中国农业科学院图书馆、中国医学院图书馆。网上共建单位包括中国标准化研究院和中国计量科学研究院。上述成员单位的原有行政隶属关系不变，以充分发挥各单位现有的信息资源、基础设施、人才和技术优势。其组成结构如下图所示。

NSTL实行理事会领导下的主任负责制，理事会是NSTL的领导决策机构，由著名科学家、文献信息专家和有关部门代表组成。

科技部代表财政部、国家经贸委、农业部、卫生部和中国科学院等6部委对NSTL进行政策指导和监督管理。NSTL设有办公室，在主任的领导下组织、协调和管理各成员单位科技文献信息资源共建共享工作。NSTL还设有由各方面专家组成的信息资源专家委员会和计算机网络服务专家委员会，对NSTL的有关业务工作提供咨询指导。在NSTL与各成员单位之间建成1 000Mbps宽带光纤网，并且实现了与国家图书馆、中国教育科研网（CERNET）、中国科学技术网（CSTNET）、总装备部情报所等单位或系统的100Mbps光纤连接。

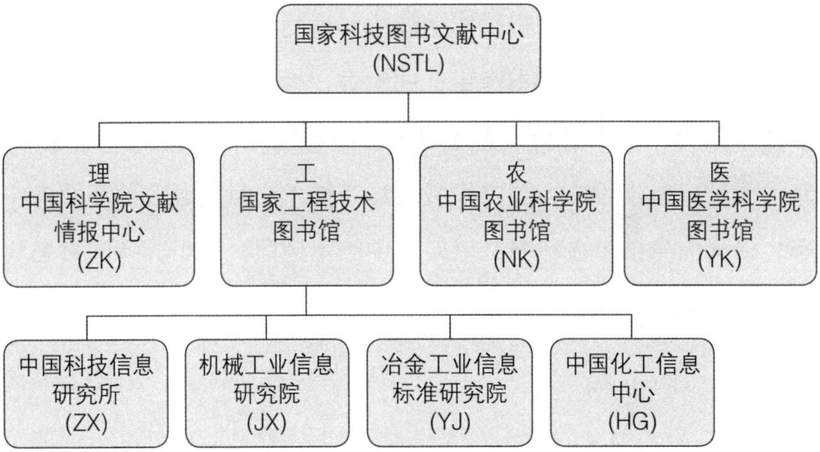

图1 NSTL的组织结构[1]

[1] 中国科学院国家科学图书馆. NSTL网络系统讲座（PPT）.

1.1.2 任务和发展目标

NSTL 根据国家科技发展需要，按照“统一采购、规范加工、联合上网、资源共享”的原则，采集理、工、农、医各学科领域的科技文献资源，面向全国开展科技信息文献服务。NSTL 主要任务是：较完整地收藏国内外科技文献信息资源；推进科技文献资源的共建共享；充分利用现代化网络技术，提供多层次服务；加速科技文献资源的深度开发和数字化应用；开展文献信息科学研究；培养高层次信息资源管理人才；提供情报调研和决策咨询；开展国内外合作与交流。NSTL 的目的是：促进科技文献的深度加工、优质服务、快速传播和有效利用，实现科技文献的共建共享，推进我国科技文献的基础建设和数字化图书馆事业的发展，为促进政府科学决策、科学技术研究、技术创新、人才培养、参与国际竞争提供支撑保障。其发展目标是建设成为国内权威的科学技术文献资源收藏和服务中心；现代信息技术在科技文献应用中的示范区；同世界各国著名科技图书馆交流的窗口[1]。

[1] 国家科技图书文献中心章程 [EB/OL]. [2009-09-28]. http://www.bjkw.gov.cn/n1143/n1240/n1315/n1480/1039211.html.

1.2 NSTL的馆藏资源

1.2.1 一次文献

NSTL的一次文献数据库包括全国开通文献、部分单位开通文献、免费获取期刊、试用期刊、NSTL研究报告。

全国开通文献数据库由现刊数据库、回溯数据库、试用数据库构成。其中，现刊数据库包括美国营养学会期刊、美国热带医学和卫生学会期刊、Bentham Science出版社电子期刊、美国植物学会期刊等国外出版商的50种期刊；回溯数据库包括施普林格在线回溯数据库（Springer）、牛津期刊过刊回溯库（OUP）、英国物理学会网络版期刊回溯文档数据库（IOP）、Turpion网络版期刊回溯文档数据库（Turpion）、*Nature* 周刊回溯文档数据库（*Nature*）5个回溯数据库；试用数据库包括NSTL以用户名+密码或IP控制方式开通的38个出版机构的256种网络版期刊、1个医学技术教育库、1个图书库集(1 683种电子图书)、1个文摘库、1个灰色文献库、1个书籍评述库和美国骨矿学会的1本图书进行试用。

部分单位开通文献包括NSTL与其他单位合作购买的美国化学学会期刊、美国物理联合会期刊、美国物理学会期刊、美国物理联合会会议录、俄罗斯科学院期刊等国外网络版期刊和北大方正中文电子图书。

免费获取期刊是NSTL整理的可通过互联网免费获取全文的期

刊资源。

试用期刊是NSTL拟订购的国外网络版期刊。

NSTL研究报告是NSTL针对一些部门需求，组织有关单位开展情报调研所形成的研究报告。

1.2.2 二次文献

NSTL系统的二次文献数据包括目录、目次、文摘等，涉及期刊、学位论文、会议论文、科技报告、专利、标准、计量检定规程等文献类型。据相关统计数据显示，截至2021年12月，NSTL系统拥有外文科技期刊、会议论文、图书，中文会议论文、学位论文、期刊等二次文献数据库130余个，涵盖网络版期刊2.6万余种[1]。

外文二次文献数据库包括：西文期刊数据库，该数据库主要收录1995年以来世界各地出版的1.7万余种西文重要学术期刊，每年增加论文约百万余篇，每周更新；外文会议论文数据库，该数据库主要收录1985年以来世界各主要学术协会、出版机构出版的学术会议论文，每年增加论文约20余万篇，每周更新；外文学位论文数据库，该数据库主要收录美国ProQuest公司博硕士论文资料库中2001年以来的优秀博士和硕士学位论文，并以每年约2万篇的数量递增，每年年底更新；国外科技报告数据库，该数据库主要收录1978年以来的美国政府研究报告，即美国国防科技报告（AD）、美国商务部

[1] 国家科技图书文献中心. 2021年度报告. 国家科技图书文献中心统计资料汇编[C]. 北京：国家科技图书文献中心，2021.

出版局出版的科技报告（PB）、美国能源部（DoE）出版的科技报告（DE）和美国航空航天局报告（NASA），也收录少量其他国家学术机构的研究报告、进展报告和年度报告等，每年增加报告2万余篇，每月更新；日俄文期刊数据库，该数据库主要收录日俄文重要学术期刊，其中日文每年增加论文约8万篇，每周更新。

中文二次文献数据库包括：中文期刊数据库，该数据库主要收录了1989年至今国内版的4 350余种期刊刊载的410余万篇文献，实际是维普的科技期刊；中文会议论文数据库，该数据库主要收录了1985年以来我国国家级学会、协会、研究会以及各省、部委等组织召开的全国性学术会议论文，数据库收录的重点为自然科学各专业领域，每年涉及600余个重要的学术会议，年增加论文4万余篇，每季或每月更新；中文学位论文数据库，该数据库收录了1984年至今我国高等院校、研究生院及研究院所发布的硕士、博士和博士后论文，每年增加论文6万余篇，每季更新。

专利文摘数据库包括：中国、美国、英国、法国、德国、瑞士、日本、欧洲专利局、世界知识产权组织等七国两组织的专利文献。其中：中国专利数据库收录中国国家知识产权局从1985年以来所有公开的发明、实用新型和外观设计专利，每年增加专利23万多件；美国专利数据库收录美国专利商标局从1972年以来所有公开的专利，每年增加专利20多万件；英国专利数据库收录英国国家知识产权局从1979年以来所有公开的专利，每年增加专利3千多件；法国专利数据库收录法国国家知识产权局从1985年以来所有公开的专利，每年增加专利5千多件；德国专利数据库收录德国国家知识产权局从1981年以来所有公开的专利，每年增加专利2万多件；瑞士专利数据库收录瑞士国家知识产权局从1978年以来所有公开的专利，每年增加专利5百多件；日本专利数据库收录日本国家知识产权局从1976年以来所有公开的专利，每年增加专利35万多件；欧洲专利数据库收录欧洲专利局从1978年以来所有公开的专利，每年增加专利2万多件；世界知识产权组织专利数据库收录世界知识产权组织从1978年以来所有公开的专利，每年增加专利3万多件。以上专利数据库主要由北京恒和顿创新科技有限公司提供，每月更新。

标准数据库包括:中国国家标准数据库（标准代码为GB)、国际标准化组织数据库（标准代码为ISO)、国际电工委员会标准数据库（标准代码为IEC)、英国标准学会标准数据库（标准代码为BS)、德国标准化学会标准数据库（标准代码为DIN)、法国标准化协会数据库（标准代码为NF)、日本工业标准数据库（标准代码为JIS)。

规程数据库包括：计量检定规程、计量检定系统、技术规范及计量基准、副基准操作技术规范等。以“规程名称”和“规程号”的形式报道我国从1972年以来公开发行的近2 000种计量检定规程、计量检定系统、技术规范及计量基准、副基准操作技术规范等，涵盖已出版的全部国家计量检定规程及一些部门的计量检定规程。学科范围涉及自然科学各专业领域，由中国计量科学研究院提供。

1.2.3 特色文献

特色文献是以文摘、简介和题录等形式报道中心各成员单位的科技成果、研究报告、资料汇编、计量基准、LB 工具书等文献。

科技成果包括“中国计量科学研究院科研成果”和“机械工业科学技术成果”两个数据库。

资料汇编包括“国外化工科技文献”“中文化工科技文献”“世界冶金企业设备数据库”和“其他资料”4 个数据库。

“LB 工具书”是由德国施普林格出版社（Springer-Verlag）出版的一套以基础学科为主，连续出版的大型系列工具书，涉及学科包括物理学、物理化学、地球物理学、天文学、材料技术与工程、生物物理学等，内容包含自然科学中的数值数据与函数关系、常用单位以及基本常数等。

此外，NSTL 还新增了国际科学引文数据库，该数据库收录了全球出版的 3 000 余种核心期刊，覆盖自然科学、医学、工程技术各领域，通过国际科学引文数据库检索，用户可以了解关注的科学研究进展和相关文献，扩大信息获取范围，获得一批有价值的文献资源。

1.2.4 NSTL 的馆藏特色

NSTL 目前收藏有中外文期刊、图书、学位论文、会议文献、科技报告、专利、标准等各种类型、各种载体的科技文献资源，文献种类齐全，内容丰富，学科针对性和参考性强。其馆藏特色主要如下。

第一，文献保障体系处于国家文献保障总体系第一层面，“中央级”馆藏文献占主导地位。与中国高等教育文献保障系统（China Academic Library & Information System，简称CALIS）的“全国中心一地区中心一高校图书馆”[1]三级文献保障体系，中国高校人文社会科学文献中心（China Academic Social Sciences and Humanities Library，简称CASHL）的“全国中心一区域和学科中心一成员图书馆”[2]三级文献保障体系以及国家科学数字图书馆（Chinese National Science Digital Library，简称CSDL）的“中国科学院文献情报中心一区域和学科文献情报机构一‘中科院’各研究所文献情报机构”[3]三级文献保障体系不同，NSTL仅以7家国家级文献信息机构和2家国家级共建单位做支撑为全国用户提供各类科技文献，汇集了这9家国家级文献信息单位的资源，组成一个较完备的国家级科技信息资源体系，占到中央级文献的80%以上，馆藏文献的“中央级”特征明显。

---

[1] 杨坚红. CLAIS CASHL NSTL系统文献传统服务比较[J]. 情报科学，2009，27（1）：84-85.

[2] 杨坚红. CLAIS CASHL NSTL系统文献传统服务比较[J]. 情报科学，2009，27（1）：85.

[3] 韩红，朱江，黄缨. CALIS CSDL NSTL系统文献传递服务比较分析[J]. 图书馆工作与研究，2007，139(3)：64-67

第二，信息数据积累高于其他系统。NSTL 至 2000 年成立至今，与 CALIS、CASHL 相比所积累的数据品种更为全面。NSTL 不仅每年订购外文科技期刊 16 000 多种，外文会议文献近 9 000 种，而且中文期刊、会议录、学位论文基本齐全 [1]。此外，还包括 CALIS、CASHL、CSDL 系统所没有的科技报告、专利文献及标准文献等。

第三，学科领域宽广，信息内容丰富，针对性强。NSTL 馆藏文献学科领域涵盖面广，涉及学科范围包括：数学、物理、化学、天文、地理、生物、生物技术、农学、畜牧、园艺、农业经济、食品营养、医学、临床医学、中医学、药学、预防学、化工、石油、矿业、冶金、机械、机电、仪表、汽车、动力工程、工程材料、工业自动化、航空、航天、光学、电子、自动化、计算机、环境、能源、材料、轻工、纺织、食品、交通运输、管理科学、科技政策、图书馆学、情报学等自然科学和工程技术各领域；信息内容包括理工农医各大学科领域，为全国科技领域的科研工作和科学技术人才提供服务。

[1] 国家科技图书文献中心. 2021 年度报告. 国家科技图书文献中心统计资料汇编 [C]. 北京：国家科技图书文献中心，2021.

1.3 NSTL提供的服务

1.3.1 文献检索服务

用户可以在NSTL主页的“文献检索”栏目中进行文献检索，可检索文献的范围包括期刊论文、会议文献、学位论文、科技报告、专利文献、标准文献、计量检定规程。

NSTL文献检索分普通检索、高级检索、期刊检索、分类检索4种检索方式。在普通检索方式下，用户可选择所要查询的科技文献的类型、查询范围、时间范围、馆藏范围和字段范围。如图2中，以关键词“library coalition”的文献检索为例，展开具体数据库，勾选西文期刊、外文会议论文、外文学位论文，查询范围选择“全部记录”，时间范围选择“全部年”，馆藏范围选择“全部馆藏”，查询方式选择“精确查询”，字段范围选择“关键词”，然后在查询处分别输入“library”“coalition”，检索策略选择“与”，点击检索就可以检索到与“library coalition”主题相关的西文期刊、会议论文及学位论文文献。可根据具体的检索请求，作不同的范围选择，但需要注意的是中西文数据库不能同时选择。

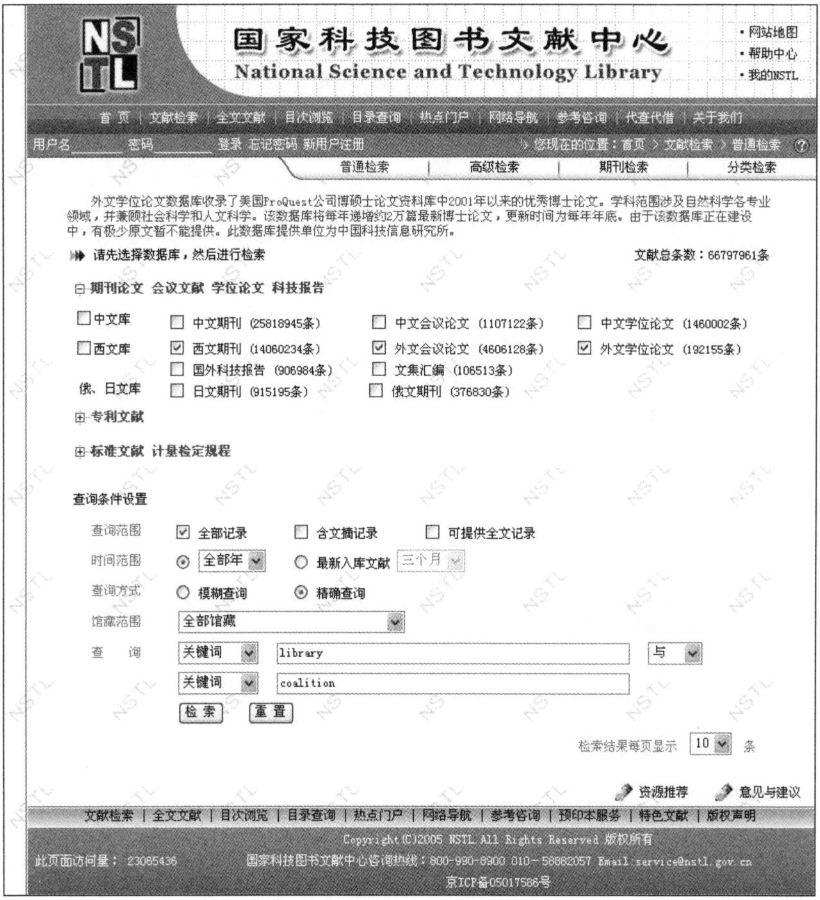

图 2　普通检索方式的界面

高级检索与普通检索不同的是，用户可以自行编制检索策略，进行复杂检索。以检索Robin所写的主题为“library coalition”的论文为例，可以构造检索式“DE=library and DE=coalition and AU1=Robin”进行检索。用户也可以选择“分类检索”，“分类检索”

可以根据检索课题选择所属学科，数据库选择、查询条件设置等与普通检索无异。用户还可以进入“期刊检索”界面，以“刊名”或“ISSN”进行刊物检索和刊物目次浏览，在不知刊名、ISSN号的情况下可以选择“刊名浏览”，NSTL将收藏刊物按学科分19个类进行罗列，同时还提供按刊名首字母顺序进行排列查找。

与CALIS用户仅限定为高校系统机构，CASHL对非注册用户仅提供检索《高校人文社科外文期刊目次数据》和《高校人文社科外文图书联合目录》两个数据库相比，NSTL的开放程度最高，用户没有任何限制，都可以通过NSTL网络服务系统进行免费注册和检索。

1.3.2 原文提供服务

NSTL系统的用户在查到文摘后，可联机申请文献原文。NSTL可根据用户的要求，以电子邮件、普通信函、平信挂号、特快专递或传真等方式为用户提供原文复制件。

需要注意的是，“原文请求”功能只对注册用户开放，因而需先注册，注册后用“用户名”和“密码”进行登录，登录后选择所需文献并生成相应订单，可选择预付费或网上支付方式支付相关费用，付费后各文献收藏单位将通过电子邮件、普通信函、平信挂号、特快专递或传真等方式向用户传递原文复制件。当提交订单后发现有些文章不需要购买时，可以找到“我的NSTL”，选择“自助中心”，选择“订单查询”，找到不需要的文章，选中后，单击“取消订单”

即可撤销相关订单。

与中国科学院国家科学数字图书馆（简称：CSDL）的文献传递限于“中科院”全院系统的科研人员及研究生相比，NSTL 用户可以不受限制地直接在网上注册，中心还开通了网上付费方式，非常方便。与CALIS分布式传递模式不同，NSTL采用集中式的传递模式，集中式模式的优点是客户端无须安装馆际互借系统服务软件，与文献传递相关的用户及事务都由中心集中管理。NSTL系统内部共用一套馆际互借系统，成员馆无须自行维护，中心内部比较易于协调和管理，有利于集中经费，减少资源的重复建设，提高文献使用率[1]。

从服务承诺与费用看，CALIS和CASHL的服务承诺相同：加急为1个工作日，普通为3个工作日，CSDL的服务承诺：原文馆藏单位是中国科学院系统内单位，一般8小时，最多不超过48小时，系统外馆藏文献需2~5工作日，NSTL的服务效率最高：加急为12小时，普通为24小时；在服务费用上，CALIS、CASHL基本相同：电子版1元/页，系统一般给予50%的补贴，CASHL还要加收查询服务费2元/篇，从普通文献（非专利标准文献）的收费标准看，NSTL的服务费用最低，电子版0.3元/页，尤其还对西部用户实行半价优惠。

[1] 王海燕，李迁延. CLAIS文献传递系统与NSTL文献传递系统分析[J]. 现代情报，2005，25(11):154-155.

1.3.3 期刊分类目次浏览服务

期刊分类目次浏览服务主要提供外文科技期刊现期目次报道，所报道的1万余种期刊均为NSTL各成员单位的现期馆藏。所有期刊按“中国图书分类法”的分类体系加以组织，共分成19个学科类别。用户可通过学科分类查找期刊，也可通过刊名关键词检索期刊，进而浏览相关期刊的最新目次。

1.3.4 联机公共目录查询服务

联机公共目录查询服务提供NSTL各成员单位的馆藏文献联合目录查询服务。目前试验性地提供西文期刊的馆藏信息查询，将陆续开通西文会议、西文科技报告、西文图书、中文期刊、中文会议、中文学位论文、中文图书等类型文献的联合目录查询服务。

1.3.5 热点门户导航服务

热点门户导航服务是NSTL组建的一个网络信息资源门户类服务栏目。其主要针对当前国内外普遍关注的科技热点问题，搜集、选择、整理、描述和揭示互联网上与之相关的文献资源、机构信息、动态与新闻，以及专业搜索引擎等，面向广大用户提供国内外主要科技机构和科技信息机构的网站介绍与导航服务，帮助用户从总体上把握各科技热点领域的发展现状、资源特色与信息获取途径。目前提供服务的热点门户包括以下几个领域：汽车科技、汽车电子、物流、塑料、环保科技、工业控制与自动化、机床和低压电气。

1.3.6 网络信息导航服务

网络信息导航服务主要为用户提供基于分类的因特网信息的导航。它搜集和整理了成员图书馆所提供的各种有代表性的研究机构、大学、期刊和文献资源、协会以及公司的网站，按照理、工、农、医四大方向，结合中国图书分类法的分类结构对上述站点进行分类组织和揭示。主要包括数学和物理、化学、天文学和地球科学、生物学（生命科学）、农业科学、医学、工业技术、交通运输、航空航天和环境科学等35个大类。

1.3.7 专家咨询服务

这是一种网上虚拟参考咨询服务，可为用户解答科技文献查询与获取过程中遇到的各种问题。提供服务的专家均系NSTL成员单位的骨干，这些专家在长期的情报信息工作中积累了丰富的信息检索方法以及不同领域内的专业知识。相比之下，CALIS的专家咨询服务只针对限定用户，CASHL的专家咨询服务又须在2个工作日内通过E-mail给予答复，而NSTL专家咨询系统则提供实时咨询及非实时咨询。对实时咨询提出的问题，可实时得到答复，如果所提问题较为复杂，不能即时答复，咨询员将在2个工作日内通过电子邮件答复。此外，NSTL系统还设有常见问题（FAQ）和问答库栏目，将有参考价值的问题和答案存储在问答库中，供其他用户查询利用。

1.3.8 预印本服务

预印本是指科研工作者的研究成果还未在正式刊物发表，而出于和同行交流的目的自愿通过邮寄或网络等方式传播的科研论文、科技报告等文献。与刊物发表的论文相比，预印本具有交流速度快，利于学术争鸣的特点。NSTL系统的预印本服务包括中国预印本中心和国外预印本门户（SINDAP）两个服务栏目。

中国预印本中心主要向国内广大科技工作者提供预印本文献全文的上载、修改、检索、浏览等服务。同时还提供他人对现有文献的评论功能。

国外预印本门户（SINDAP）是NSTL建立的一个国际预印本门户网站，汇聚了世界知名的17个预印本系统，实现了国外预印本文献资源的一站式检索。用户输入的检索式，可同时在汇聚的所有预印本系统中进行检索，并可获得相应系统提供的预印本全文。目前该系统已累积约70万条预印本文献记录。

1.3.9 专题信息服务

专题信息服务以文摘形式报道NSTL各成员单位自1998年以来数百件学科专题文献汇编和科学技术进展研究报告。内容包括专题文献编译、汇编、研究咨询报告和其他专题资料等。用户可以根据自身需要在系统中进行查询进而了解各个成果具体的服务内容及服务方式，如需要文献原文，可与具体专题资料的提供单位直接联系。NSTL还根据当前社会热点，适时提供相应的专题信息服务。如2008年四川汶川大地震发生后，NSTL会同中国科学技术信息研究所，立即启动应急反应机制，建设制作了“抗震救灾科技文献专题”数据库，以方便抗震救灾科技一线人员快捷获取所需文献资源。2009年3月底至4月中旬，针对墨西哥、美国等多国接连暴发甲型H1N1型流感疫情，适时提供“甲型流感专题”，为科研人员研究治疗和预防甲型流感提供参考。

2 NSTL 存在的问题

NSTL取得了很多成就，但作为国家级文献保障系统，与国家科技创新的要求和用户的需求尚存在一定差距。

2.1 NSTL现有资源与服务方式问题

2.1.1 文献资源建设跟不上科技信息发展速度

从总体上看，NSTL的文献资源建设还跟不上我国科技信息的发展速度。主要表现为以下三个方面。

第一，科技文献保障总量不足。NSTL订购的印本外文资源总量约25 744种，外文期刊从2000年的7 673种增加到2021年16 745种，外文会议文献从2000年的2519种增加到2021年的8 999种；数字外文资源订购近4 000种，外文文摘数据库从成立之初的62种增加到2021年的71种，外文全文数据库更是从无到有，增加至2021年的66种[1]。但与CALIS、CSDL等国内其他图书馆联盟相比，NSTL订购的科技文献数量还不够，CALIS的外文期刊订购总量已

[1] 国家科技图书文献中心. 2021年度报告. 国家科技图书文献中心统计资料汇编[C]. 北京：国家科技图书文献中心，2021.

达3.4万多种，CSDL的外文期刊订购总量更是达6.7万余种。NSTL订购的外文期刊总量与《国际期刊指南数据库》中学术性连续出版物书目数据的29万条更是相差甚远。相反，近年来我国科技人力资源呈现爆发式增长，到2020年底，中国科研机构总数已达19 000多个，科技人力资源11 234.1万人，稳居科技人力资源规模世界第一的地位。NSTL订购的科技外文资源总量与伴随科技人力资源增长产生的科技人员科技文献信息需求间的矛盾越来越明显。

第二，文献资源学科布局和国别分布不均衡。NSTL订购的外文文献资源学科分布过于集中，大多集中于较为成熟的学科，如数学、物理、化学等，但是边缘学科、交叉学科、综合集成领域、重大应用领域以及重要新兴领域的文献保障率偏低；NSTL订购的外文文献资源语种分布不均衡，表现在：英文文献在整个外文文献资源中占绝大部分，除俄、日外文文献资源有小部分外，其他语种的文献资源很少甚至没有；此外，NSTL订购的外文文献资源国别分布也不均衡，与我国有科技合作的重点国家和周边国家、地区的文献保障不足。

第三，数字化资源建设不足。NSTL多馆分工负责的资源分布模式为科学、合理、高效的科技信息资源建设创造了良好的环境，但在建设国外数字资源方面，各成员馆普遍存在所订购的印本外文资源较多，数字资源较少的问题。在引进国外数字资源方面，普遍实行“只用不藏”，缺乏永久使用、长期保存和回溯数据建设等配套措施的建设，使得我国获取国际数字科技文献的能力很容易受到网络技术环境和国际经济与政治环境的限制。另一方面，从信息资源发展的趋势、用户的需求和当前国内外图书馆的现有馆藏结构看，数字化信息资源在整个信息资源中的比重日益增加。因此，NSTL作为国家级科技文献保障系统在数字化信息资源建设方面距国家科技创新的要求还有相当的差距。

2.1.2 网络服务系统互操作机制不够完善

互操作通常指异构环境下一个系统与另一个系统相互合作的一种能力。一般来说，数字图书馆的互操作是指交换和共享文档、查询和服务的能力[1]。它要求来自技术（消息交换的协议和格式等）、内容（数据、元数据及其语义等）和组织（数字图书馆的基本访问准则、支付方式和认证等）三方面的合作[2]。互操作涉及数字图书馆建设的方方面面，从数字图书馆底层的元数据描述、数字对象的存储管理，到高层的信息搜索管理、付费机制等，都与互操作密切相关。互操作可以出现在一个系统内部各构件之间，也可以出现在不同的系统之间。

NSTL现行网络服务系统虽已实现跨库检索功能，但就共享资

---

[1] 张付志. 异构分布式环境下的数字图书馆操作技术[M]. 北京:电子工业出版社，2007:16.

[2] ARMS W Y，HILLMANN D，LAGOZE C，et al. A spectrum of interoperability：the site for science prototype for the NSDL [J/OL]. D-lib magazine, 2002, 8(1) [2009-09-28]. http://www.dlib.org/dlib/january02/arms/01arms.html.

源与服务的互操作目标而言，还不够完善，主要表现在以下两个方面。

一是系统的元数据标准大而全，包罗万象，使直接揭示及相互映射受到影响。NSTL网络服务系统收录的文献资源包括期刊、图书、会议录、科技报告、学位论文、专利、标准和计量规程等。这些文献资源各具特色，著录的侧重点、广度和深度等方面都有不同的要求，从信息描述的角度来看很难统一。现行的NSTL网络服务系统定制了一个大而全的元数据标准，用以覆盖目前所有的文献类型，使得系统内部文献数据库的结构保持一致[1]。这种同构数据库设计思想直接解决了系统内部的统一访问问题，但却不能很好地揭示资源本身，元数据标准自身的扩展能力十分有限，使外部数据交换时相互映射也很困难。

例如，为了覆盖期刊文献、会议文献和学位论文，设计的数据库结构不仅需要包括期刊母体文献信息，还需要包括会议届次信息，以及学位论文的授予单位、导师、研究方向等特殊信息。对于期刊文献而言，如果不存在会议届次、学位论文的授予单位、导师等信息，相应字段内容只能为空，这就会形成内部存储空间的冗余。在进行外部数据交换的时候，看上去可能只是两种数据结构之间的映射，但是一个具体的字段相对不同文献而言，可能描述的是截然不同的内容。如期刊库的字段存储原文语种文摘，相应的，在标准库

[1] 王莉.NSTL网络服务系统的互操作机制[J]. 数字图书论坛，2008，53(10):60-65.

中则利用同一字段描述完整的标准名称，因此简单的一对一映射是行不通的，还需要针对不同文献类型作不同的映射表[1]。

国外OCLC通过设立专门的WorldCat和元数据服务部门，提供全面的元数据创建与管理服务，并不断进行新的元数据试验计划。OCLC的自动元数据映射研究解决了元数据的互操作问题。OCLC正在进行的从出版商和上游销售商捕获元数据的可行性和有效性并提升WorldCat中的元数据的试验计划，旨在找到有效、集中的方法来存储、提高和实现元数据的标准化[2]。

二是系统服务组件的组合作用程度较低，整体服务效果难以充分体现。NSTL网络服务系统包括期刊浏览、文献检索、联合目录、原文传递、网上信息资源导航、预印本服务、热点门户及参考咨询等多个服务组件。组件的划分采取纵向原则，自成体系，相互之间联系松散，数据共享性较为弱化，总体服务系统只对各个子系统进行简单链接，使得整体服务效果的提升比较困难[3]。

例如，期刊浏览和文献检索是NSTL网络服务系统提供的两项相对独立的信息服务组件。这里的“独立”不仅表现在前台页面上，

[1] 王莉.NSTL网络服务系统的互操作机制[J]. 数字图书论坛，2008，53(10):60-65.

[2] OCLC to Conduct New Cataloging and Metadata[EB/OL]. [2008-1-14]. http://www.oclc.org/news/releases/200688.htm.

[3] 王莉.NSTL网络服务系统的互操作机制[J]. 数字图书论坛，2008，53(10):60-65.

用户需要从不同的使用入口进入，更体现在实际的数据加工环节中。关于期刊本身的信息和期刊中的文献信息是由不同的加工平台通过不同渠道提供的。从用户发现资源、获取资源的角度来说，浏览期刊到检索文献其实是一个完整的行为过程，不能因为服务组件的不同而使其相互分离或者简单链接，降低整体的服务效果。

与NSTL相反，OCLC却非常重视“一站式”的信息服务方式，对种类繁多的信息服务项目进行整合组织，极大激发了用户使用OCLC服务的兴趣。例如，在OCLC联机电子期刊数据库（ECO）中，可提供跨期刊和跨出版商的检索，用户只需键入一个关键词，就能检索图书馆所订购的全部电子期刊，即使这些电子期刊是由不同出版商出版的。

2.1.3 资源与服务集成度不高

（1）个性化服务定制的“孤立”

NSTL现行服务系统提供“我的NSTL”个性化服务定制，内容包括：“我的图书馆”和“自助中心”。“我的图书馆”提供个性化定制与服务，“自助中心”提供原文订购状态、账户信息和费用信息查询功能，以及用户信息自助管理服务。但是这种个性化定制机制却是孤立的。这种孤立的个性化定制机制不仅使定制的资源对象仅限于NSTL提供的资源范围，使定制组织结构受NSTL系统资源组织体系的限制，而且使得定制技术也依赖于NSTL系统自身技术，很难将其他系统的资源有机纳入。尽管用户希望按照自己的认知方式来构建其信息空间，但是现有的个性化定制服务系统并不能真正实现“以用户为中心”，也无法满足用户希望在本地的信息环境中建立满足个性化需求的信息环境。与NSTL相比，OCLC的各项业务工作却处处体现了“以用户为中心”的原则，OCLC通过设置专门的用户和网络服务部（User and Network Section，简称UNS）及可用性实验室（Usability Lab），对用户信息和产品信息进行管理，以确保产品推出后能符合用户的需要。OCLC的FirstSearch还提供保存检索策略、回顾检索历史、组合检索、永久保存记录等个性化服务。用户可以在“记录列表”屏幕保存当前的检索策略，保存的检索在下一次登录后可直接调用并获得检索结果，也可通过“历次检索”界面查看，还可以将当前的检索策略与以前保存好的检索策略组合起来进行检索。

（2）现行服务系统的“互闭”

NSTL现行服务系统自成体系、互不开放，将用户某种完整的行为紧密封装起来，无法实现“一站式”信息检索，更增加了与各图书馆互联互通的难度。NSTL系统与各图书馆资源的整合利用，除了直接简单的地址链接之外，能够提供给外部系统的可接入资源和服务寥寥无几。这种系统脱离国内多数用户最常用渠道（如，机构数字图书馆门户、网络搜索引擎），难以有效地被用户发现和利用，也难以把自己的资源和用户所需的其他资源有效集成。因缺乏与本地馆的资源整合，致使NSTL服务用户的效率降低，甚至出现NSTL进行原文传递之后，却发现在本地图书馆也可以找到所需文献的现象。

中国国家科学数字图书馆开发的CSDL跨库集成检索系统，虽缺乏由用户自行组配数据库进行检索的功能，但却建立了界面清晰的统一检索平台，主推一站式集成检索理念。CALIS中心和北京大学共同开发的CALIS统一检索平台，整合中文资源库127个，西文资源库130个，平台可检索资源包括数据库、电子期刊、电子图书及部分图书馆OPAC等，几乎可整合图书馆所有的电子资源种类，包括原文、图片、引文、文摘及相关文献等，能高效地检索CALIS中心的各类资源。国外的OCLC，更是提供多种途径开放的进入数据库，如通过个人的图书馆入口，通过合作者入口。合作者入口包括OCLC-本地图书馆入口，信息提供者入口（如通过数据库、网络搜索引擎、Web入口）。比较有借鉴意义的是网络搜索引擎入口，2008年5月19日，OCLC与Google公司签订了一份数据交换协议，通过Google搜索服务，使OCLC及其成员馆的馆藏及服务在网络上更广泛地获取，扩大访问入口，使用户更容易发现馆藏文献[1]。

[1] OCLC与Google交换数据. 把数字图书链接到WorldCat. 数字图书论坛，2008，49(6):76-77.

2.2 NSTL网站检索及数据质量问题

2.2.1 网站检索系统的人性化体现不够

现行NSTL检索系统是基于关键词匹配，其检索原理是把用户的查询请求以关键词的形式与数据库中的题名、文摘等字段进行比较、匹配。此种检索方式仅局限于字符形式匹配的层面，对信息的语义、语用的揭示极为有限，面对用户个性化的信息需求，日益显现出其不足，主要表现在以下几个方面。

（1）不能有效地理解用户的查询请求

现行NSTL检索系统的匹配是一种机械式的匹配，它既不能区分关键词的同形异义，也不能联想到相关同义词，更不可能考虑到关键词所处的特殊语言环境。

例如，笔者在NSTL检索系统中分别输入“NSTL”“国家科技图书文献中心”进行检索，命中记录为123条和212条。逐一核对检索结果，不难发现，“NSTL”检索结果中出现如“减少自络机停台，提高自络机效率”“基于IPv6网络技术的文献信息服务平台的实现及关键技术”等文献，“国家科技图书文献中心”检索结果中出现如“银屑病治疗的系统评价”等文献。对图书馆学、信息学感兴趣的用户显然希望能同时得到上述两次检索的结果，对其而言，“NSTL”“国家科技图书文献中心”仅仅是相同概念的不同表述而已，其对“减少自络机停台，提高自络机效率”“基于IPv6网络技术的文献信息服务平台的实现及关键技术”“银屑病治疗的系统评价”这三篇文献并没有兴趣。相反，对网络感兴趣的用户显然只对“基于IPv6网络技术的文献信息服务平台的实现及关键技术”这一文献有兴趣，其他有关“国家科技图书文献中心”“NSTL”的文章并不是其想要得到的结果。可见，现行NSTL检索系统并不能针对不同背景用户的查询给出不同的检索结果，对于同一背景用户也不能给出相近关键词供选择。

（2）不能实现基于自然语言的检索

用户在选择关键词或构造查询表达式表达其信息需求时往往面临一些困难，用户希望将自己的检索提问以所习惯的短语、词组甚至句子等自然语言的形式输入，而现行NSTL检索系统并不能将用户基于自然语言的检索提问进行自动分析，并形成检索策略进行检索。

以前述的用户想检索“NSTL”“国家科技图书文献中心”相关文献为例，用户也许自然而然在NSTL检索系统中输入“NSTL论文”“国家科技图书文献中心论文”进行检索，用户显然希望得到较为满意的结果，但NSTL检索系统却显示没有检索到任何结果。

（3）无法实现母语搜索非母语资源

由于语言的障碍，对于普通用户而言，希望能够使用母语搜索非母语的资源，并以母语浏览检索结果。用户在NSTL现行检索系统数据库选择时，无法同时选择中西文数据库。也就是说，现行

NSTL检索系统无法实现母语搜索非母语资源，更不可能实现以母语浏览检索结果。

2.2.2 网站数据质量存在问题

（1）同一单位重复提供数据且著录不一致

笔者在中文库选择“中文期刊”，检索“拟合信号检验”，命中4个记录，结果如图3所示。

图3 NSTL网站“拟合信号检验”检索结果截图

其中第一条记录和第二条记录均由“中国科学院文献情报中心”提供，第三条记录和第四条记录均由“中国科技技术信息研究所”提供，图4和图5分别为第三条记录和第四条记录的详情。

中文期刊数据库

【正题名】:光子图象的X^2拟合信号检验
【作者】:陈天明; 俞信
【作者单位】:北京理工大学光电工程系北京理工大学光电工程系
【刊名】:光子学报
【年卷期】:1996, 025 (009)
【出版年】:1996
【ISSN】:1004-4213
【页码】:P. 778-782
【馆藏号】:VIP-CJ (电子版)
【分类号】:TN
【关键词】:超微弱; 生物发光图象; X^2准则; 信号检验
【正文语种】:CHI
【文摘语种】:CHI
【文摘】:本文首次应用以微通道板象增强器为核心器件的超高灵敏度光电成象系统获得了活体昆明的超微弱生物发光图象，并用统计理论研究了光子图象中的信号和背景分布。提出了斯米尔诺夫检验判别图象中有无信号的方法，以及用X ^ 2 准则拟合实际图象中的信号区和背景区分布，并根据得到的统计估计值对光子图象进行检验。

馆藏单位： 中国科学技术信息研究所

图 4　中国科学技术信息研究所“光子图象的 X~2 拟合信号检验”记录截图

从图4和图5中我们可以判断出两条记录相同且由同一单位提供。但同时我们也发现两条记录对分类号著录却是不同的。

中文期刊数据库

【正题名】:光子图象的X2拟合信号检验
【作者】:陈天明^p俞信
【作者单位】:北京理工大学光电工程系^p北京理工大学光电工程系
【刊名】:光子学报
【年卷期】:1996, 025 (009)
【出版年】:1996
【ISSN】:1004-4213
【期号】:no. 9
【页码】:P. 778-782
【总页数】:5
【馆藏号】:VIP-CJ (电子版)
【分类号】:TN206
【关键词】:超微弱^p生物发光图象^pX2准则^p信号检验
【正文语种】:CHI
【文摘】:本文首次应用以微通道板象增强器为核心器件的超高灵敏度光电成象系统获得了活体昆明的超微弱生物发光图象，并用统计理论研究了光子图象中的信号和背景分布。提出了斯米尔诺夫检验判别图象中有无信号的方法，以及用X ^ 2 准则拟合实际图象中的信号区和背景区分布，并根据得到的统计估计值对光子图象进行检验。

馆藏单位： 中国科学技术信息研究所

图 5　中国科学技术信息研究所“光子图象的 X~2 拟合信号检验”记录截图

（2）不同单位提供相同数据且著录不一致

图3中第一条记录和第二条记录由“中国科学院文献情报中心”提供，第三条记录和第四条记录由“中国科学技术信息研究所”提

供，图6和图7是上述两条记录的详情。

中文期刊数据库

【正题名】:光子图象的X~2拟合信号检验
【并列题名】:Signal test in photon images by X~2 regression
【作者】:陈天明; 俞信; 王苏生
【作者单位】:北京理工大学光电工程系.北京(100081)北京理工大学光电工程系.北京(100081)北京理工大学光电工程系.北京(100081)
【作者汉语拼音名】:Chen TianmingYU XinWang Susheng
【刊名】:光子学报
【年卷期】:Vol.25,No.9,1996
【出版年】:1996
【ISSN】:1004-4213
【页码】:p. 778-781
【分类号】:Q63
【关键词】:生物发光; 图象增强; 模式识别; 微通道光电倍增管; bioluminescence; imageenhancement; pattern recognition; microchannel photomultipliers; 超微弱生物发光图象; 斯米尔诺夫检验;X~2准则; ultra-weak bioluminescence image; Smirnov test; X~2 ruler
【正文语种】:chi
【文摘】:首次应用以微通道板象增强器为核心器件的超高灵敏度光电成象系统获得了活体昆明鼠的超微弱生物发光图象,并用统计理论研究了光子图象中的信号和背景分布.提出用斯米尔诺夫检验判据图象中有无信号的方法,以及用X~2准则拟合实际图象中的信号区和背景区分布,并根据得到的统计估计值对光子图象进行检验.
【其它语种文摘】:For the first time,ultra-weak bioluminescence imagnes of living Kunming mousehas been obtained by an ultra-sensitive imaging system with an micro-channelintesifier as it's key components,and statistical theory was used to analysesignal and background distribution.In order to determine whethre there aresignals or not in these images,Smirnov (CMNPHOB) test was induced,and X~2 rulerwas used to regress the signal and background distribution for Smirnovcalculation of signal test in these photon images.The method of X~2 regressionand Smirnov test was able to judge these are bioluminescence signals in thephoton images obtained by the imaging system we developed recently.

馆藏单位： 中国科学院文献情报中心

图6　中国科学院文献情报中心“光子图象的X~2拟合信号检验”记录截图

中文期刊数据库

【正题名】:光子图象的X~2拟合信号检验
【作者】:陈天明; 俞信
【作者单位】:北京理工大学光电工程系北京理工大学光电工程系
【刊名】:光子学报
【年卷期】:1996,025(009)
【出版年】:1996
【ISSN】:1004-4213
【页码】:P.778-782
【馆藏号】:VIP-CJ(电子版)
【分类号】:TN
【关键词】:超微弱; 生物发光图象; X~2准则; 信号检验
【正文语种】:CHI
【文摘语种】:CHI
【文摘】:本文首次应用以微通道板象增强器为核心器件的超高灵敏度光电成象系统获得了活体昆明的超微弱生物发光图象，并用统计理论研究了光子图象中的信号和背景分布。提出了斯米尔诺夫检验判别图象中有无信号的方法，以及用X^2准则拟合实际图象中的信号区和背景区分布，并根据得到的统计估计值对光子图象进行检验。

馆藏单位： 中国科学技术信息研究所

图7　中国科学技术信息研究所“光子图象的X~2拟合信号检验”记录截图

通过核查，可发现图6和图7实际著录的是同一篇论文，但是两家单位对同一文献的著录差别却很大，不但作者、作者单位、文摘著录不同，而且连页码也不同。查看原文，发现中国科学院文献情报中心对此文献页码的著录是错误的。

通过进一步的检索核对，我们发现NSTL各成员馆对多个作者字段、多个作者单位字段著录是不统一的。有时著录所有作者及作者单位；有时仅著录其中几个作者及作者单位；有时多个作者仅著录一个单位；有时多个作者对应著录相同数量单位；即使是同一单位，有时著录的单位与作者不一一对应，仅著录名称不同的单位。

(3) 检索错误

图8是中国科学院文献情报中心提供的一条记录详情，在文摘中划词“大旦光子图象”进行二次检索，显示“没有找到任何记录”，检索结果错误。直接检索“大旦光子图象”，显示“没有找到任何记录”，检索结果错误。

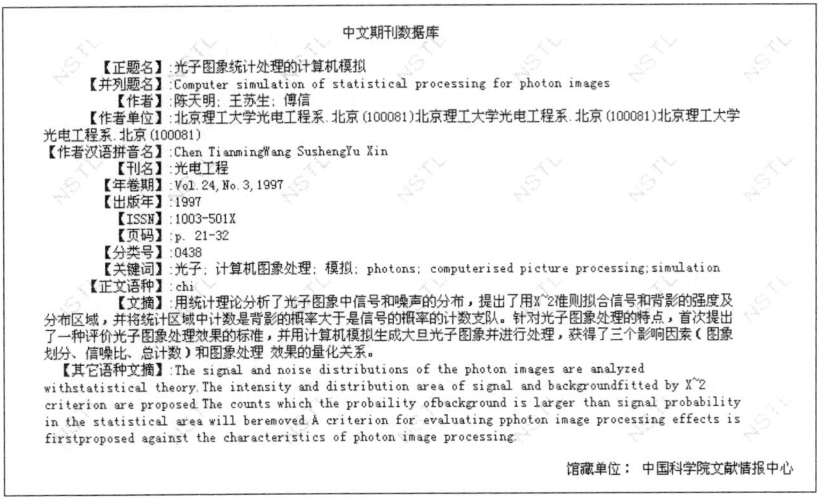
中文期刊数据库

【正题名】:光子图象统计处理的计算机模拟
【并列题名】:Computer simulation of statistical processing for photon images
【作者】:陈天明; 王苏生; 傅信
【作者单位】:北京理工大学光电工程系.北京(100081)北京理工大学光电工程系.北京(100081)北京理工大学光电工程系.北京(100081)
【作者汉语拼音名】:Chen TianmingWang SushengYu Xin
【刊名】:光电工程
【年卷期】:Vol.24,No.3,1997
【出版年】:1997
【ISSN】:1003-501X
【页码】:p. 21-32
【分类号】:0438
【关键词】:光子; 计算机图象处理; 模拟; photons; computerised picture processing;simulation
【正文语种】:chi
【文摘】:用统计理论分析了光子图象中信号和噪声的分布，提出了用X^2准则拟合信号和背影的强度及分布区域，并将统计区域中计数是背影的概率大于是信号的概率的计数支队。针对光子图象处理的特点，首次提出了一种评价光子图象处理效果的标准，并用计算机模拟生成大旦光子图象并进行处理，获得了三个影响因素(图象划分、信噪比、总计数)和图象处理 效果的量化关系。
【其它语种文摘】:The signal and noise distributions of the photon images are analyzed withstatistical theory.The intensity and distribution area of signal and backgroundfitted by X^2 criterion are proposed.The counts which the probaility ofbackground is larger than signal probability in the statistical area will beremoved.A criterion for evaluating pphoton image processing effects is firstproposed against the characteristics of photon image processing.

馆藏单位： 中国科学院文献情报中心

图8　中国科学院文献情报中心“光子图象统计处理的计算机模拟”记录截图

（4）数据显示错误

图3中，第二条由“中国科学院文献情报中心”提供的记录详情如图9。

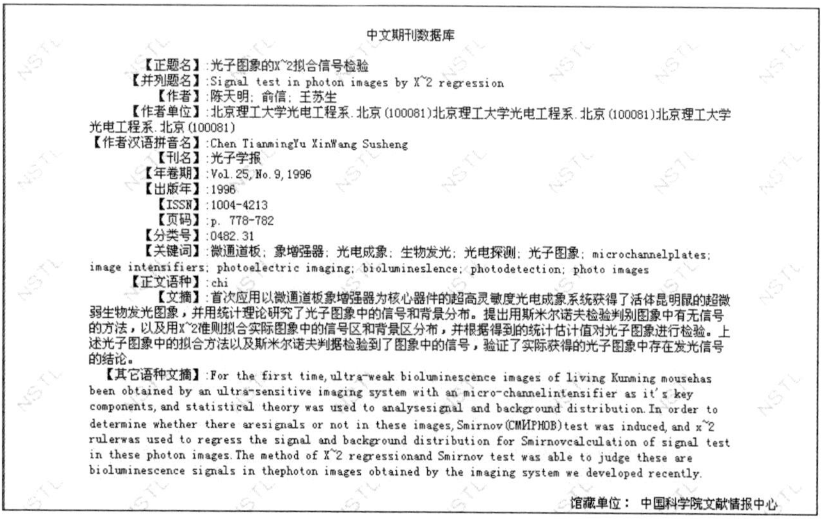

中文期刊数据库

【正题名】:光子图象的X~2拟合信号检验
【并列题名】:Signal test in photon images by X~2 regression
【作者】:陈天明; 俞信; 王苏生
【作者单位】:北京理工大学光电工程系.北京(100081)北京理工大学光电工程系.北京(100081)北京理工大学光电工程系.北京(100081)
【作者汉语拼音名】:Chen TianmingYu XinWang Susheng
【刊名】:光子学报
【年卷期】:Vol.25,No.9,1996
【出版年】:1996
【ISSN】:1004-4213
【页码】:p. 778-782
【分类号】:O482.31
【关键词】:微通道板; 象增强器; 光电成象; 生物发光; 光电探测; 光子图象; microchannelplates; image intensifiers; photoelectric imaging; bioluminesIence; photodetection; photo images
【正文语种】:chi
【文摘】:首次应用以微通道板象增强器为核心器件的超高灵敏度光电成象系统获得了活体昆明鼠的超微弱生物发光图象，并用统计理论研究了光子图象中的信号和背景分布。提出用斯米尔诺夫检验判别图象中有无信号的方法，以及用X~2准则拟合实际图象中的信号区和背景区分布，并根据得到的统计估计值对光子图象进行检验。上述光子图象中的拟合方法以及斯米尔诺夫判据检验到了图象中的信号，验证了实际获得的光子图象中存在发光信号的结论。
【其它语种文摘】:For the first time,ultra-weak bioluminescence images of living Kunming mousehas been obtained by an ultra-sensitive imaging system with an micro-channelintensifier as it's key components,and statistical theory was used to analysesignal and background distribution.In order to determine whether there aresignals or not in these images,Smirnov(СМИРНОВ)test was induced,and x~2 rulerwas used to regress the signal and background distribution for Smirnovcalculation of signal test in these photon images.The method of X~2 regressionand Smirnov test was able to judge these are bioluminescence signals in thephoton images obtained by the imaging system we developed recently.

馆藏单位：中国科学院文献情报中心

图9　中国科学院文献情报中心“光子图象的X~2拟合信号检验”记录截图

我们发现，作者汉语拼音间无分隔符，在英文字段中出现两个单词粘连情况，如，“analysesignal，thephoton”等。显示出该条记录详情中的混乱现象普遍存在，不方便用户浏览。

（5）著录错误

一是题名著录错误。如，图10是由“中国科学技术信息研究所”提供的一条记录详情。通过与原文核查，我们发现此条记录中，题名著录错误。正确题名应为：“在零件的参数优化设计中的数学建模”。在这条记录中，“年卷期”字段著录为：“2004，000（001）”，

“卷”著录为“000”也不符合标准。

中文期刊数据库

【正题名】:在零件的参数优化设计中韵数学建模
【作者】:吴新烨; 徐学林
【作者单位】:中南林学院，湖南株洲412006
【刊名】:煤矿机械
【年卷期】:2004, 000 (001)
【出版年】:2004
【ISSN】:1003-0794
【期号】:no. 1
【页码】:P. 10-12
【总页数】:3
【馆藏号】:VIP-CJ (电子版)
【分类号】:0
【关键词】:数学模型; 零件参数; 优化设计
【正文语种】:CHI
【文摘】:零件参数的选取是一个最优化问题。假定产品与零件的参数为正态分布的随机变量，在此基础上，以零件的标定值和容差为决策函数，以产品的总费用为目标函数构造一个非线性规划的模型。首先，用计算机程，选择适当的零件标定值使产品参数的平均值达到标定值，然后，再用计算机程序对容差的选取方式逐步去试，选择最优的容差方式使得总费用最小。

馆藏单位： 中国科学技术信息研究所

图 10　中国科学技术信息研究所“在零件的参数优化设计中的数学建模”记录截图

二是作者单位著录错误。如，图11是由“中国科学技术信息研究所”提供的一条记录详情，通过核对，我们发现此条记录中，作者单位著录错误，作者单位应为“石油大学石油工程学院，山东东营257061”。

中文期刊数据库

【正题名】:新型智能钻头的设计
【作者】:王以法
【作者单位】:石油大学石油工程学院，山东吕257061
【刊名】:石油学报
【年卷期】:2003, 024 (001)
【出版年】:2003
【ISSN】:0253-2697
【期号】:no. 1
【页码】:P. 92-95
【总页数】:4
【馆藏号】:VIP-CJ (电子版)
【分类号】:TE249
【关键词】:智能钻头^p人工智能钻井^p井下工具^p设计
【正文语种】:CHI
【文摘】:介绍了智能钻头和它的最新进展，并详细介绍了一种新型智能钻头的设计原理和设计方法。该粘头系统由4部分组成；传感器测量部分，计算机数据处理和序存储部分，电源供给部分和通讯控制部分。它可以完成许多智能钻井的工作。对智能钻头在21世纪粘井工程中的应用前景进行了分析和预测。

馆藏单位： 中国科学技术信息研究所

图 11　中国科学技术信息研究所“新型智能钻头的设计”记录截图

三是“文摘”字段出现乱码。如，图12是由“中国科学技术信息研究所”提供的一条记录详情，此记录中，“文摘”字段出现乱码。

中文期刊数据库

【正题名】:用于校正焦平面列阵组件非均匀性的硬件与软件
【作者】:R. Breiter
【作者单位】:德国AIM公司
【刊名】:红外
【年卷期】:2001,000(004)
【出版年】:2001
【ISSN】:0
【页码】:P. 18-24
【馆藏号】:VIP-CJ(电子版)
【分类号】:TN
【关键词】:焦平面列阵；量子阱；碲镉汞；非均匀性校正；校正能力；二维探测组件；红外组件;视频图像处理板；自适应迭代校正算法
【正文语种】:CHI
【文摘语种】:CHI
【文摘】:德国AEG红外组件GmbH(AIM)公司最近研制成的几种新型二维探测组件，已使其焦平面列阵家族得到了扩大。该公司已推出了大型量子阱和碲镉汞器件，例如，一种512×640量子阱长波红外组件~[1]。这些器件都能提供高的热分辨率，其典型噪声等效温差（NETD）低于25mK。在这个性能范围内，非均匀性校正（NUC）后的剩余空间噪声往往就是极限噪声源。为了在时间噪声受限制的条件下操作，必须采用比二点校正更高级的校正算法。AIM公司已开发成了一种符合这些要求的自适应迭代校正算法（SAICA）~[2]。其基于场景的逼近免除了采用热参考的定标步骤。这种算法是在AIM公司的标准视频 图像处理机VIP-ICM80上实施的，运行时所用的最大帧速为50Hz，图像尺寸为2561像元×256像元。AIM公司的这些新型探测组件的较大图像尺寸和较高帧速，促使其设计出了一种新的视? 低枷翊　戆濉8么　戆寤固峁┝艘桓鍪峭　梓墙涌冢　梢杂美刺岣吣　壅鲎攮上褡榷　募负畏直嫒省1疚慕榻芸滈IM公司二维探测组件用的非均匀性校正硬件和软件的实施情况以及测得的有关这些器件的校正能力的性能数据。

馆藏单位：中国科学技术信息研究所

图 12　中国科学技术信息研究所“用于校正焦平面列阵组件非均匀性的硬件与软件”记录截图

(6) 期刊的“年卷期”字段著录不一致

从图4和图6中我们发现，中国科学院文献情报中心和中国科学技术信息研究所对字段“年卷期”著录不尽相同，前者著录为“Vol. 25，No. 9，1996”，而后者则著录为“1996，025（009）”。通过进一步检索，我们还发现，在“年卷期”字段著录中，有以下情况：著录“卷”“期”，“出版年”单独著录；或仅著录“卷”，“出版年”单独著录，“期”单独著录。

2.3 NSTL的网络安全问题

2.3.1 现行网络架构

NSTL的现行网络架构主要体现在以下四个方面。

一是NSTL已建成高速城域网，采用1 000Mbit/s宽带光纤连接各个成员单位，实现了NSTL“统一网络，统一出口”的目标，使得现实中的虚拟机构，在网络上成为一个真实的实体资源机构。二是与国家图书馆、中国教育和科研计算机网（China Education and Research Network，简称CERNET）、中国科技网（China Science and Technology Network，简称CSTNET）以及总装备部国防信息研究中心等国家级信息机构实现了百兆互联，使NSTL系统资源富有度大大增加，系统服务能力快速提升。三是在各地建设镜像站、服务站，使系统的网络构架得以扩展和延伸。目前，NSTL已建成镜像站5个，服务站15个，覆盖全国21个省市自治区。四是采用B/S体系结构，利用成熟的中间件产品WebLogic以提高系统性能，开展期刊目次浏览、联机公共目录查询、专题信息服务等项目的服务，促进了NSTL网络资源的有效发挥。

2.3.2 现行网络存在的安全隐患

尽管NSTL的现行网络架构优势明显，但其所存在的安全隐患亦不能忽视。从现行网络的状态和使用来看，主要存在以下几方面问题。

（1）**网络接入情况复杂，内外网界限模糊**

NSTL网络平台不仅提供各成员单位的文献加工与服务，同时还支持相关办公业务使用，由各成员单位负责管理本单位接入机器，NSTL网络管理中心负责掌握所有接入情况，保证中心服务器的安全。

鉴于此网络平台覆盖面广，结构非常复杂，其中一些成员单位的办公网络直接接入NSTL网络平台，如，中国科学技术信息研究所就有这样的现象。有些成员单位网络端口则仅仅接入文献服务部分子网，还保留着其他外网通道。再如，中国化工信息中心为了支持本单位办公业务，不同子网之间基本没有做访问限制。上述复杂情况导致NSTL网络平台内外部界限模糊，难以实施有效的安全检测与防控。目前，各成员单位之间虽然设置了硬件防火墙，但是随着应用的扩展，为了保持通信，网络防火墙内的端口也基本处于开放状态。

（2）**B/S体系架构将关键数据暴露在互联网**

NSTL系统经历若干个发展阶段，已经从最初以基本的全文传递为主要任务的服务系统发展成为今天功能复杂的综合性资源建设与服务体系。每增加一项新的Web应用，都会导致处于保护状态下的后端系统直接连接到互联网上，不可避免地将关键数据置于外界攻击之下。同时，这些Web应用是在不断变化的需求引导下逐步建设的，在总体上缺乏统一、完整的安全考虑。

（3）**恶意抓取二次文献数据的现象时有发生**

NSTL作为我国科技文献信息资源共建共享体系的核心系统，在资源建设上，通过统一规划，统筹协调，提高了经费的使用效益，使文献资源迅速增长。但随着NSTL系统影响力的逐步扩大，出现了非法用户通过抓取软件构造访问链接，批量套取二次文献数据的现象。这种抓取行为造成大量并发访问，致使系统响应速度急速下降，直接影响合法用户的正常访问。目前系统维护人员只能采用网络层锁定IP的方法应对，但这只是一种事后处理措施，恶意行为对NSTL系统造成的恶劣影响已成事实。

3 提升 NSTL 资源与服务质量的建议

3.1 增强NSTL资源的保障能力

NSTL在规划国家科技文献资源保障结构时，既要调整现有信息资源的结构，又要加强与其他机构的合作，还要推进数字资源长期保存体系建设，只有这样才能推动我国科技信息资源建设的可持续性发展。

3.1.1 调整现有信息资源的结构

NSTL应在现有资源的基础上进一步科学规划文献资源建设，积极调整现有信息资源的结构，其措施主要包括以下三点。

第一，对经常使用的资源如中文期刊、外文期刊、中文学位论文等应更加予以重视，进一步加大外文期刊的总订购量，并对这些资源逐步实现完整的纸本保障和有效备份。同时，还需逐渐增加小语种的文献资源收集。

第二，逐步扩大和优化NSTL文献资源的学科、馆藏和载体布局，重点针对边缘交叉学科、综合集成领域、重大应用领域、重要新兴学科等拓展收集范围，逐步加大国外科技会议文献、科技报告及其他灰色文献的建设力度，逐步加强对新兴科技国家、我国科技合作重点国家和周边国家与地区等进行科技文献采集。

第三，作为国家级科技文献机构，NSTL 还需加大揭示学科前沿信息的资源建设比重，包括研究报告、专题动态信息等。如，美国科技门户就主要为用户提供研究开发报告、科技报告等学术前沿信息资源。

3.1.2 加强与其他机构的合作

与 CALIS、CASHL、CSDL 等图书馆联盟的三级文献保障体系不同，NSTL 仅以 7 家国家文献信息机构和 2 家国家级共建单位为依托为全国用户提供服务。NSTL 的这种单层次文献资源保障体系，有利于集中经费，减少资源的重复建设，提高文献使用率，但也正是受这种保障体系的制约，NSTL 的文献保障率没有 CALIS、CSDL 等采用三级文献保障体系联盟的文献保障率高。如，通过三级文献保障 CSDL 的外文期刊订购总量已达 6.7 万余种，而 NSTL 仅有 2 万余种，还不到 CSDL 的三分之一。因而，NSTL 有必要加强与其他机构的合作，增强其文献保障能力，合作方式有：一是根据 NSTL 以收录科技文献资源为主的目标和任务，可考虑在全国范围内选择一些有理工农医资源保障优势的高校或科研机构图书馆作为 NSTL 二级保障机构，仿效 CALIS、CASHL、CSDL 等联盟的文献保障体系，组建 NSTL 文献资源保障体系的学科中心或区域中心。二是加强与国外科技信息门户以及全球性、地区性图书馆联盟的合作。在与国外科技信息门户合作方面，可选择与美国科技信息门户、加拿大科技信息门户等以揭示学术前沿信息资源为主的科技信息门户合作，以弥补NSTL在揭示学术前沿信息方面的不足。NSTL还应加入一些知名的全球性、地区性图书馆联盟，如，国际图书馆共同体联盟（The International Coalition of Library Consortia，简称ICOLC），我国香港特别行政区的高校图书馆联盟（Joint Universities Librarians Advisory Committee，简称JULAC）和台湾地区的台湾核心电子资源联盟（Consortium on Core Electronic Resources in Taiwan，简称CONCERT），这样不仅能增强NSTL的资源保障能力，还可以逐步实现我国与国际信息资源网络系统的衔接。

3.1.3 推进数字资源长期保存体系建设

随着数字资源建设比重的加大，NSTL也日益关注数字资源长期保存体系建设，但从总体上讲，我国还没有建立起可靠的数字资源长期保存体系。因此NSTL不仅需牵头组织建设国家层面的数字资源长期保存机制，还需建设NSTL平台自身的数字资源保存计划。具体而言，首先，NSTL需组织制定数字资源保存的国家政策。NSTL作为国家科技文献保障的平台，有义务联合CSDL、CALIS等制定数字资源保存的国家政策，组织建设国家数字资源长期保存体系。组织包括保存责任者、存储者、服务者、资源方和授权用户的可靠的责任体系，促进建立包括存档权、存储管理权和服务权的完整法律体系，建立相关技术与服务标准体系，确定可信赖性长期保存系统的认证与评估机制，调动国家资源支持长期保存体系的共建共享[1]。其次，NSTL需制定系统自身的保存策略，重点是保存技术的选择和管理模式的选择。从管理来说，NSTL可以根据其组成结构，由各成员单位承担专门领域或专门格式的数字资源保存项目。从技术上来说，现有的数字迁移、数字仿真、环境封装和技术保存都有其特定的要求和条件[2]，不同数字资源有不同的技术保存要求，NSTL可根据各成员单位的特点和资源的特性做相应的选择。

长期收集和保存网络数字文献的大趋势已经显露出来，世界上诸多图书馆正在进行电子文献资源保存试验性计划。美国的“国家数字信息基础设施和保存计划”（National Digital Information Infrastructure and Preservation Program，简称NDIIPP）让美国国会图书馆承担领导全国数字信息长期保存的任务，并与美国的重要政府部门和拥有收集与保存数字内容专长的实体进行合作，如商务部，国家医学图书馆、国家农业图书馆、国家标准与技术研究所；另外，它还鼓励广大民营机构参与该计划。NDIIPP试图有选择地保存电子图书、电子期刊、数字音乐、数字电视、数字录像、网站这6种媒体类型的信息。在国会图书馆的组织下，目前成立了8个研究项目（每个项目都由一个主导机构和一个以上的合作机构负责，共

---

[1] 张晓林，等. 数字时代国家科技文献中心的战略选择[J]. 图书情报工作，2009，53(1):42-46.

[2] 吕志梅. 国外数字资源长期保存的现状、问题及对我国的启示[J]. 现代情报，2008(5):28-29.

36个机构）。它们分别是：加利福尼亚数字图书馆负责研究网络存档工具，收集网络中的政府与政治信息；教育广播公司（EBC）保存以数字化格式形成的公共电视节目，并制定保存的国家标准与步骤；埃默里大学建立一个分布式网络来保存美国南方文化与历史的数字信息；由于不可能保存所有的数字内容，伊利诺伊大学负责建立数字信息保存的价值标准；马里兰大学负责保存因特网商业化早期的商业和法律文化；密歇根大学的政治与社会研究机构保存社会科学研究中用到的数据（如，民意测验的数据等）；加利福尼亚大学保存国家地理空间信息；北卡罗来纳州大学图书馆负责收集地理空间数据，包括来自北卡罗来纳州政府的数字化地图。为加强这8个项目的协调，国会图书馆于2005年1月、7月和2006年1月分别召开了三次全体会议，对共同面临的问题进行磋商，分享彼此的成功经验。第二次全体会议把36个机构分成4组，分别讨论了4个最重要的议题：知识产权，收集与选择数字信息，数字信息保存计划的经济可持续性，技术结构。在知识产权方面，NDIIPP与美国版权办公室（The U.S. Copyright Office）联合成立了“108研究组”（The Section 108 Study Group），专门对《版权法》（*The Copyright Act*）的第108项进行研究，对图书馆和存档机构在数字技术环境下的豁免与限制作重新审查，然后把结果和建议反馈给国会图书馆。在技术领域，2004年2月国会图书馆与4个主要研究机构组织了“存档信息的摄取与处理测试”（The Archive and Handling Test，AIHT），该实验把关于911事件的数字化文档在参与机构之间进行传递，测试了文档在传递后的完整性，为保存机构使用不同的方法分享相同信息的工作积累了有益的经验，这是NDIIPP保存机构的第一次测试。有不同技术系统的保存机构都能参与进来。为了保证不同技术系统之间的互操作，NDIIPP设计了数字化保存的一系列基本功能，并指出这些功能不能过于独特[1]。尽管现有保存系统存在着不同的功能或功能名称，但归纳起来，基本的功能却是相同的，这为系统间的互操作创造了可能。此外，诸如英国的CEDAR计划[2]、澳大利亚的PANDOR计划[3]、英国的UKWAC计划[4]、日本的WARP计划[5]、德国的NESTOR[6]项目等都做了这方面研究。所有这些计划的目的是制定一个标准以便明确地规定的它们的创建方式和使用办法，都值得我国借鉴。

---

[1] 周佳贵，蔡舜. 评述美国NDIIPP数字化保存结构[J]. 图书情报工作，2006，50(10):134-138.

[2] 梁娜，张晓林. 关于数字信息长期保存的元数据[J]. 四川图书馆学报，2002，125(1):24-32.

[3] 赵俊玲. 澳大利亚网络信息保存项目PANDORA及其启示[J]. 情报理论与实践，2004，27(5):552-554.

[4] 徐健. 英国网络信息保存联盟计划(UKWAC)及其启示[J]. 图书馆论坛，2007，27(2):81-84.

[5] 日本国会图书馆. 日本国会图书馆因特网资源搜集、保存和提供计划[EB/OL]. 余敏，译.[2008-9-5] http://www.ndl.go.JP/en/publication/cdnlao/058/582.html.

[6] 王缓缓，钟永恒. 德国数字资源长期保存项目研究[J]. 情报杂志，2006，25(12):129-131.

3.2 提升NSTL的服务质量

可以通过资源与服务的整合、智能化语义检索系统的构建、情景敏感服务系统的构建、开发开放的检索接口和新的服务模式解决现行NSTL系统开放程度不充分，互操作机制不够完善等问题，提升NSTL的服务水平，把NSTL建设成为一个适应数字时代，推进集成化、知识化服务的文献信息资源战略服务保障系统。

3.2.1 整合资源与服务

资源整合是资源优化组织的一种存在状态，整合程度的高低直接关系到它能否被高效吸收与利用。现行NSTL系统具备跨库检索的功能，但此系统只具备了资源服务整合的雏形，在功能和设计上还不是很完善，整合程度不高，主要表现为：一是整合资源并未涉及系统的全部资源，如，文献检索栏目不能检索图书，检索图书需通过目录查询栏目。二是未实现服务项目的有效整合，如，NSTL提供的“热点门户导航”“网络信息导航”两栏目被划分成彼此独立的栏目，但就栏目内容而言其区别不够明显，不仅宜将它们整合在一起，而且最好能实现与“文献检索”等其他栏目的整合。

可利用超链接技术进行资源整合，实际上是一种基于开放的统一资源定位器（OpenURL）标准的上下文相关参考链接系统，可实现不同类型、不同格式的数字资源无缝链接。利用SFX实现的整合可概括为：一是OPAC与数据库之间的动态链接。用户通过OPAC进行检索，结果显示有关此主题的NSTL系统的所有信息：印本馆藏显示地点，电子期刊提供动态生成的地址，电子图书点击则进入相应的电子图书系统浏览全文。二是引文数据库、二次文献数据库与全文数据库之间的链接。二次文献数据库检索功能强大，用户可以根据检索到的文摘、索引信息直接获得想要了解的论文全文。三是数据库与Web资源的链接。这其实是向外部扩展的一种链接。用户在检索到某主题的结果后，可通过相关链接指引到相关主题的Web资源，这样就可以实现检索与NSTL提供的“热点门户导航”“网络信息导航”服务的整合。

3.2.2 制定多种元数据标准及映射方案

由于NSTL提供服务的文献资源有统一加工、各成员单位自行加工、购买等多种来源，包括期刊文献、会议文献、学位论文、专利、标准等多种文献类型，因而在期刊知识库的构建过程中针对资源描述格式方面，须摈弃现行同构数据库设计思想，针对资源的类型提出期刊文献、会议文献、学位论文、专利、标准等多种元数据标准，并且针对不同的资源类型制定新的动态映射方案。这些标准均应采用严格的XML Schema（Extensible Markup Language）语言进行定义，这样不仅可以实现对文献信息的集中存储与管理，而且当需要查看文献信息或进行数据交换时，可以直接调用XML文件，从不同数据表中提取所需数据，以统一结构形式反馈给用户或与外部数据进行交换[1]。

3.2.3 构建智能化语义检索系统

现行NSTL检索系统智能处理能力的缺乏导致检索结果信息量大，缺乏人工干预，返回大量无关信息，用户往往面对检索结果无所适从，必须从结果中进行筛选，人性化处理能力的缺失，导致此种检索方式远远不能满足用户的需求。

用户需要的是一种基于智能化的语义检索系统，这种检索系统可以对用户查询需求进行语义上的自然语言处理，提取出各种概念信息，从概念意义层次上来智能处理用户的检索提问式，并智能化输出。这种检索系统主要包括以下几方面内容：一是实现基于自然语言形式的输入。检索者可以将自己的检索提问以所习惯的短语、词组甚至句子等自然语言的形式输入，检索系统能够进行自动分析，而后形成检索策略进行检索。二是用户检索时，系统不仅可不断提供一些相近的关键词供选择，直至找到所需要的结果，而且还能检索出与该词同一类概念的词汇结果。三是借助机器翻译技术，实现将一种自然语言转变成另外一种自然语言，使用户能够使用母语搜索非母语的资源，并以母语浏览搜索结果。四是通过语义技术和检索技术的结合，实现检索工具对搜索词在语义层次上的理解，为用户提供最准确的检索服务。五是实现检索系统的智能化、人性化。

[1] 王莉. NSTL网络服务系统的互操作机制[J]. 数字图书论坛，2008, 53(10): 60-65.

检索引擎能依据用户检索的历史行为（曾经搜索过什么，搜索客户端IP地址等），依据记录猜测用户的一些特性，并能够很好地利用信息的语义知识，“理解”用户的检索需求，通过知识学习、分析理解和推理归纳来实现检索结果的“人性化”输出。

3.2.4 构建情景敏感服务系统

情景敏感是指在本地部署一套资源调度知识库，登记本地资源和服务，以及相关的访问规则[1]。在这方面，值得借鉴的是Web of Knowledge（简称WOK）的做法。用户从所在图书馆的IP地址登录WOK检索，很快可了解其检索的某篇论文所在的期刊是否收藏在本馆；若没有，WOK很快可建议用户到就近的图书馆开展馆际互借或文献传递。

NSTL网络服务系统在用户检索获得检索结果的同时，通过调用知识库的开放接口，传入用户身份信息和检索到的文献信息，由知识库为用户实时生成最方便的文献获取链接。具体可见图13。

图13为NSTL镜像站用户检索后，系统根据用户的身份信息，将检索结果进行情景敏感后反馈给用户的界面，除原有的NSTL原文传递链接外，还提供本地电子版获取和本地印本获取链接，可以避免前文所述的NSTL原文传递后却发现本地馆可以找到所需文献的现象。

[1] 王莉.NSTL网络服务系统的互操作机制[J]. 数字图书论坛，2008，53(10): 60-65.

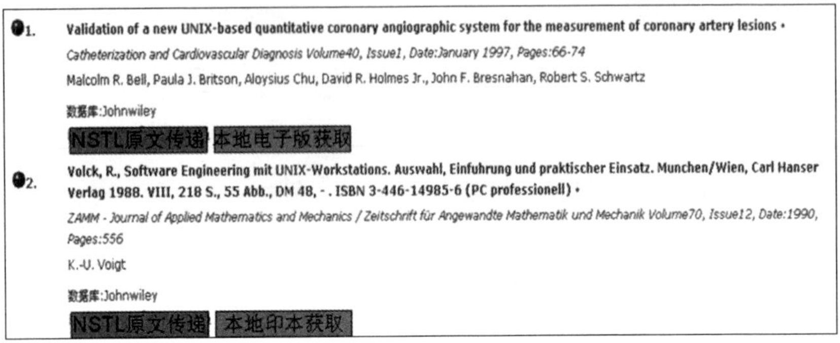

1. **Validation of a new UNIX-based quantitative coronary angiographic system for the measurement of coronary artery lesions •**
Catheterization and Cardiovascular Diagnosis Volume40, Issue1, Date:January 1997, Pages:66-74
Malcolm R. Bell, Paula J. Britson, Aloysius Chu, David R. Holmes Jr., John F. Bresnahan, Robert S. Schwartz
数据库:Johnwiley
NSTL原文传递 本地电子版获取

2. **Volck, R., Software Engineering mit UNIX-Workstations. Auswahl, Einfuhrung und praktischer Einsatz. Munchen/Wien, Carl Hanser Verlag 1988. VIII, 218 S., 55 Abb., DM 48, - . ISBN 3-446-14985-6 (PC professionell) •**
ZAMM - Journal of Applied Mathematics and Mechanics / Zeitschrift für Angewandte Mathematik und Mechanik Volume70, Issue12, Date:1990, Pages:556
K.-U. Voigt
数据库:Johnwiley
NSTL原文传递 本地印本获取

图 13　NSTL 镜像站点情景敏感界面[1]

情景敏感服务开放接口以Java工具包形式提供给程序员使用，主要包括文献资源接口、用户信息接口和机构信息接口。文献资源接口通过传入用户身份信息和检索结果的资源对象，获取该资源对象在本地的获取链接，同时要求确保该用户有访问权限。本地获取链接可以是电子版全文链接、本地OPAC链接，或者是指向本地开放链接服务器的OpenURL，具体链接形式是由具体资源的登记形式决定的。用户信息接口根据当时用户的IP地址返回用户所在机构信息对象或机构ID。机构信息接口通过传入机构IP地址或机构ID，获取机构的基本信息或机构ID、机构是否支持开放链接服务、机构订购的文献资源情况（文献数据库、期刊、会议文献）。

[1] 张智雄.NSTL三期建设：面向开放模式的国家STM期刊保障和服务体系(PPT).

3.2.5 开发新的服务模式

NSTL现行网络服务系统通过其中心网站、镜像站点及服务站点向全国用户提供文献检索、原文传递等各项电子信息服务。随着科技人员信息需求不断扩展，现有三种服务模式已不能满足需要，需在现有模式的基础上开发新的服务模式。开发新的服务模式首先需要解决的是不同系统间的互操作问题，而互操作问题的解决主要通过构建开放的检索接口，让其他图书馆和特殊团体用户可以通过开放接口检索NSTL的资源。有了开放的检索接口，NSTL的服务模式就可以得以扩展，可以在开放的检索接口的基础上构建嵌入第三方检索服务、链接到第三方以及从NSTL传递三种新的服务模式。

嵌入第三方检索服务是指在本地服务界面提供检索接口，访问NSTL文献数据。其检索界面可以按照本地系统的风格构造，按照标准接口向NSTL主站检索系统提交检索请求。NSTL主站检索系统返回检索结果，在本地知识库进行情景敏感之后，按照本地系统的风格构造结果显示界面。

图14为"中国知网"相关页面提供检索接口，访问NSTL文献数据。图15为"中国知网"按照其自身风格构造的检索接口界面，按照标准接口向NSTL主站检索系统提交检索请求。图16为NSTL主站检索系统检索后返回的检索结果，在本地知识库进行情景敏感后，按照本地系统的风格构造的结果显示页面。

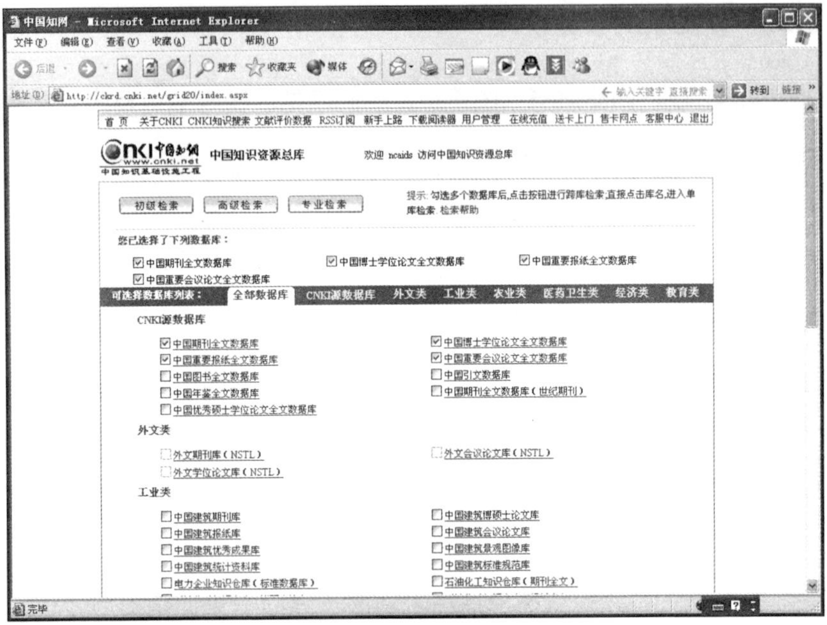

图 14 “中国知网”提供的 NSTL 检索接口界面[1]

[1] 张智雄.NSTL三期建设：面向开放模式的国家STM期刊保障和服务体系(PPT).

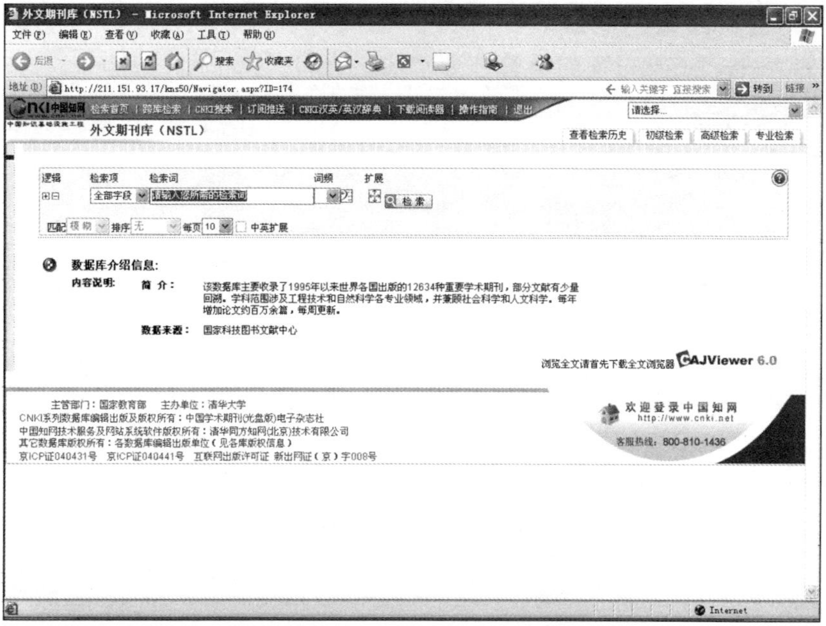

图 15 “中国知网”按自身风格构建的检索接口界面[1]

[1] 张智雄. NSTL三期建设：面向开放模式的国家STM期刊保障和服务体系(PPT).

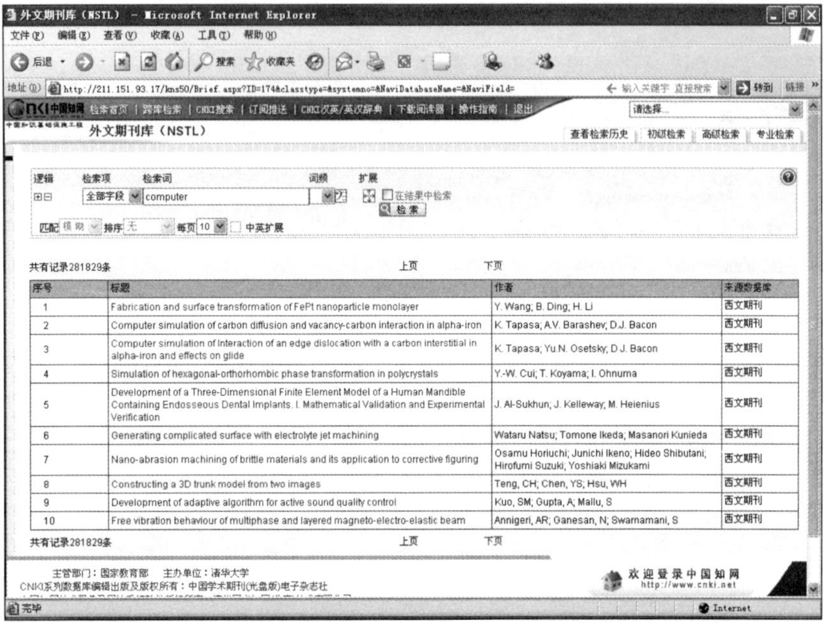

图 16 “中国知网”按照本地系统风格构造的结果显示界面[1]

“链接到第三方”服务是指NSTL负责维护链接服务注册器，将某些链接服务器URL以及这一机构的用户IP地址段注册到NSTL链接服务注册器中，用户采用NSTL检索界面进行检索，检索之后，根据用户的来源IP在NSTL主服务站或镜像站上生成或不生成OpenURL HOOK，用户点击HOOK，激活链接服务器，检索结果本地化情景敏感后返回给用户。

[1] 张智雄.NSTL三期建设：面向开放模式的国家STM期刊保障和服务体系(PPT).

图17为清华大学读者利用NSTL的检索界面检索。图18为系统生成一个指向清华的超链接技术的HOOK。图19为清华大学读者激活清华大学SFX服务器菜单。

图 17　清华大学读者利用 NSTL 的检索界面[1]

[1] 张智雄. NSTL三期建设：面向开放模式的国家STM期刊保障和服务体系(PPT).

图 18　NSTL 系统生成的指向清华的超链接技术的 HOOK 界面[1]

[1] 张智雄. NSTL三期建设：面向开放模式的国家STM期刊保障和服务体系(PPT).

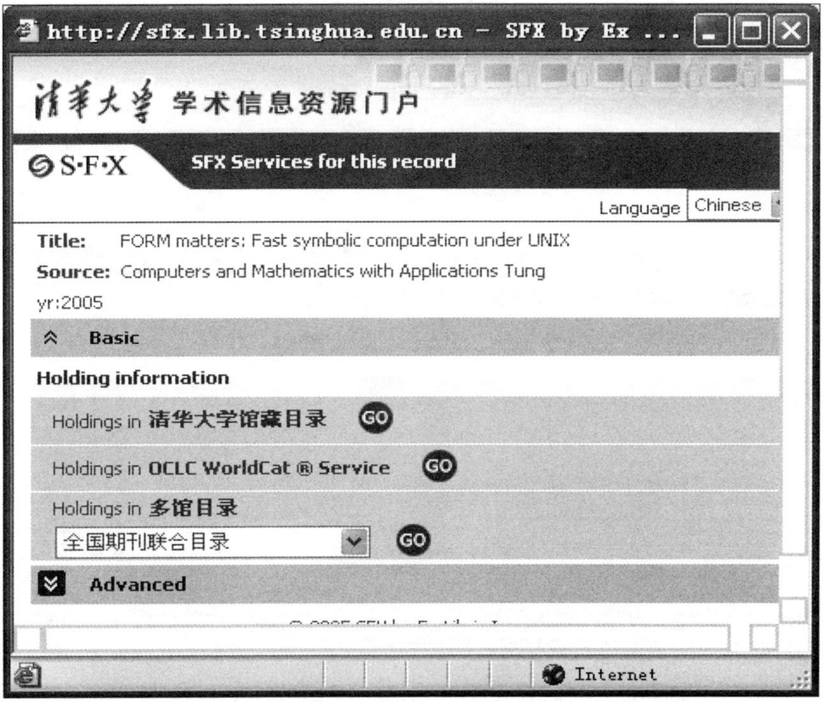

图 19　清华大学读者激活清华大学 SFX 服务器菜单的界面[1]

“从NSTL传递”服务是NSTL将其全文传递的接口向相关的图书馆、信息服务机构开放，使这些机构可以通过标准的接口向NSTL提出原文请求，NSTL仅作为一个对此信息机构的原文传递和代查代借的支持单位。

以图20、21为例。

图20为CALIS联合目录公共检索系统提供的NSTL原文传递

[1] 张智雄. NSTL三期建设：面向开放模式的国家STM期刊保障和服务体系(PPT).

接口。图21为点击NSTL原文传递接口后转向的NSTL原文传递服务。

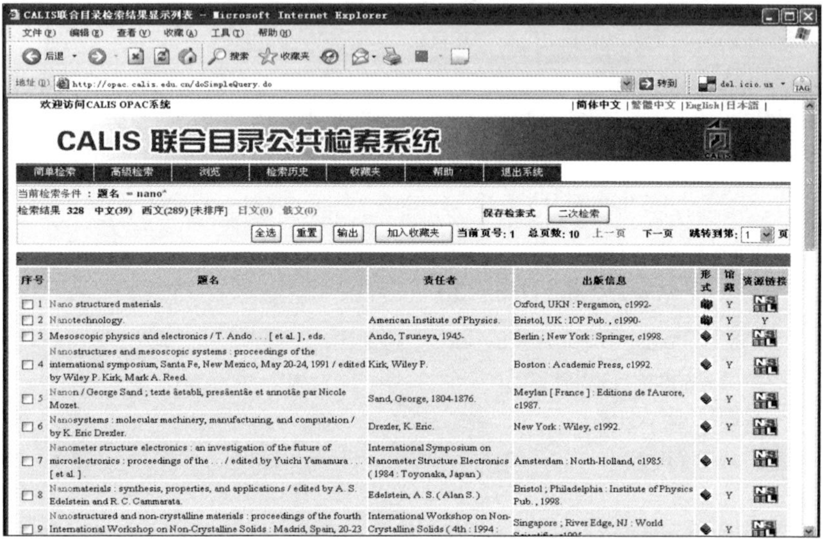

图20　CALIS系统提供的NSTL原文传递接口界面[1]

[1] 张智雄. NSTL三期建设：面向开放模式的国家STM期刊保障和服务体系(PPT).

图 21　CALIS 系统点击 NSTL 原文传递后的界面[1]

3.2.6 构建以用户为中心的分布式检索系统

现行NSTL系统以资源为中心的服务模式，由于没有考虑用户的专业、爱好、年龄及心理倾向等因素，因此不能真正满足用户的个性化信息需求，需要对这种服务模式加以调整，以适应用户个性化信息需求发展的需要。未来的NSTL系统又将构建什么样的服务模式或系统呢？笔者认为未来的服务模式将从以资源为中心的服务模式向以用户为中心的服务模式转变，NSTL系统需构建的是适应用户需求的个性化服务系统，帮助用户快速、准确地找到所需信息，

[1] 张智雄. NSTL三期建设：面向开放模式的国家STM期刊保障和服务体系(PPT).

并主动推荐给用户，变“人找信息”为“信息找人”。

同时，未来NSTL系统的体系结构必将随网格技术研究的深入发生前所未有的革新，从本质上体现系统的开放性和异构性，适应更复杂的功能需求。国内外一些学者正在进行基于网格的虚拟数字图书馆体系结构研究，例如，欧盟的DILIGENT目标是构建一个适合大量动态虚拟e－Science组织进行知识共享和合作研究的安全、动态、可协调的试验平台；由美国加州大学伯克利分校、圣地亚哥超级计算中心和英国的利物浦大学等科研机构组成的数字图书馆网格先驱正在进行基于网格的数字图书馆新技术研究，旨在开发网格型数字图书馆系统和信息检索服务，希望通过网格技术提高数字图书馆后台服务（如数据备份、自动复制和索引等）的效率，实现网格环境下大规模分布式数字图书馆的检索，并且建立相应的原型试验系统Cheshire3；CALIS管理中心也正在研究如何运用网格技术构建下一代的“中国高等教育数字图书馆的系统模型”[1]。

[1] 张付志. 异构分布式环境下的数字图书馆操作技术[M]. 北京:电子工业出版社，2007:14.

3.3 提高数据质量

3.3.1 制定统一标准，强化规范管理

首先，组织制订、修订标准规范、管理办法。现行NSTL各成员馆的编目标准是2003年版的《国家科技图书文献中心文献数据加工细则》，有必要重新组织人员进行修订，使规则进一步完善、具体化，增强实际可操作性。此外，针对网络环境下文献资源的特点，应尽快制定与国际标准接轨的著录规则和标准，便于实现与世界各图书馆联盟资源共享。

其次，重新规范文献采集和编目工作流程，推进数据加工质量从结果控制变为全过程管理。原则上保证每一种文献只做一次原始编目，各成员馆不再重复编目，在编同一种文献时只是检索、校对、下载和加注其他信息等。同时有必要利用系统对各成员馆输入的数据严格校验，避免各种“硬伤”（错字、拼音错误等）。

3.3.2 开发联合加工系统

开发联合加工系统，根据新系统的要求制订数据加工流程规范、质量管理规范、数据错误典型案例手册、加工选择和处理精度要求规范等制度规范，推进流程化和系统化管理，全面提升数据加工质效。与其他工作密切配合，建立集联机编目、数据加工、网络仓储和信息服务于一体，科学的文献信息加工流程和管理体系。

可以借鉴OCLC的做法，OCLC的第一代编目系统是为传统文献信息资源编目服务的WorldCat系统，为了适应在网络环境下组织海量网络资源的需要，OCLC开发了为网络信息资源编目服务的第二代编目系统CORC系统，2002年OCLC将CORC的全部优点整合于Connexion，内嵌在WorldCat中，形成第三代联机编目服务系统Connexion系统。NSTL可以加强力量，开发一个像OCLC的Connexion一样的系统，该系统有效整合了书目数据库（WorldCat）和网络信息资源编目工具（CORC）。

3.3.3 全面清理历史数据

NSTL作为一个大型的数据仓储系统，其资源来源渠道有：NSTL联合目录数据、NSTL数据加工平台提交的文摘数据、各成员单位自行转换的数据、科技信息门户数据、第三方平台提供的元数据等。因而在数据仓库中不可避免会出现“同一单位重复提供数据且著录不一致”“不同单位提供相同数据且著录不一致”等现象，尤其是在NSTL《国家科技图书文献中心文献数据加工细则》出台前各成员单位已有数据。

数据的规范、统一是互操作的基础，因而有必要对历史数据进行清理与转换。历史数据种类繁多，数量庞大，年限跨度在10年以上，清理任务十分繁重。除传统人工清理外，有必要开展计算机清理算法研究，特别是针对数据仓库中的重复记录数据的清理任务。

3.3.4 加强业务培训，提高数据著录人员的业务素质

要结合实际工作，举办邀请专家开展讲座、交流经验、研讨发展等多种形式的培训，鼓励支持业务骨干参加国内外学术交流活动，把握发展趋势，研讨发展策略，提高业务素质和技能，适应不断发展的形势。对成员单位参与NSTL工作的人员，镜像站和服务站相关工作人员，进行业务培训，为用户提供高质量的服务。

3.4 设计网络安全方案

3.4.1 硬件平台的安全设计

采用防火墙、入侵检测、虚拟服务器等手段保证可信主机连接，通过硬件设备（服务器、网络设备、安全设备）的合理部署，保障各级主机之间的网络访问安全和信息传输安全。

NSTL系统复杂的网络环境可以分为应用服务器子网、成员单位业务子网、镜像站点及服务站点网络、公众互联网等四大部分。其中，应用服务器子网又可以进一步细分为核心服务器区域和DMZ区域。DMZ将面向公网的对外Web服务器与后端的数据库、服务支持系统隔离，确保核心数据的安全与完整。成员单位业务子网通过防火墙接入，同时部署网络版防病毒系统，主要防控病毒与来自内部的攻击。鉴于NSTL系统的大部分工作都需要成员单位的承担，例

如二次文献数据的上传、全文传递订单的处理等，这类应用必须穿透防火墙，具体的安全设计就必须在应用软件开发中考虑。镜像站点及服务站点网络对NSTL网络平台而言，实际上是分散在公网中的，属于公网的一部分。这里将它和公网区分开，是考虑到应用上的需要。我们可以以镜像站点和NSTL主站之间的数据交互为例。镜像站点用户登录需要到主站进行身份认证，镜像站点提交的全文请求订单要发送到主站，由成员单位处理等等。这些应用可以通过软件穿透防火墙的方式实现，也可以采用虚拟服务器、固定IP放行等技术实现。公众互联网部分的防控则相对简单，硬件方面要做的工作是网络传输层面的访问控制与监测。

主机安全包括操作系统安全和设备的冗余两个方面。操作系统担负着本机进程、文件系统的安全责任。NSTL系统中多采用Linux/Unix操作系统，尽管在安全设计上较之Windows操作系统具有一定的先天优势，但它不是“绝对安全”的，尤其是随着它在全世界范围内的普及，目前针对该系统的攻击越来越多。关于Linux/Unix操作系统安全管理的问题在各大技术网站都开辟了讨论专栏，本书不做深入讨论，但需要强调的是：一定要及时给系统打补丁，防范攻击以及病毒入侵。设备冗余是指NSTL在硬件部署方面针对关键应用设计了多台服务器，相互备份，共同执行同一服务，不仅实现了负载均衡，更确保系统服务不会因为单点故障而中断。

存储安全在NSTL硬件系统中体现为备份系统的建立。为了避免硬件故障或人为破坏，以及其他不可预知的问题，NSTL部署了磁盘和磁带两大备份系统，对数据库中的数据进行及时、准确、全面地备份，同时，还需确立数据恢复机制，确保数据受损后可以及时通过备份的数据恢复原有数据库中的数据。

3.4.2 应用平台的安全设计

应用平台的安全设计主要关注访问与传输两个方面。应用系统的访问控制主要指基于角色的权限管理，首先需要在不同的业务流程中建立安全等级，只允许符合安全等级的用户访问。同时，要求对用户进行分级授权，要求其只能在授权范围内进行操作，而任何不符合权限的访问都将视为非法的，也是应用系统要记录并阻断的。访问控制在软件设计中是通过系统、功能、数据等多个层面来实现。应用系统设计角度保证信息传输安全包括保密与完整两个方面。

笔者认为应用平台的安全设计，需要考虑以下几个方面。

（1）系统权限的区分

系统权限主要是以具体应用为单位进行权限划分。NSTL应用系统涉及数据加工、数据存储与管理等多个环节，每一环节面对不同的应用对象，相对独立，对访问控制也有不同的要求。因此，NSTL应用系统可以明确划分为信息服务、数据仓储、资源加工以及第三方资源集成等几大部分。

（2）功能权限的把握

功能权限控制是指不同的功能面向不同的用户，要求不同的访问权限。以NSTL信息服务子系统中的全文获取功能为例，信息服务子系统实现的是用户从文献检索、定位到获取、传递这样一个完整的流程。用户登录与否看到的检索界面并没有区别，检索出的每条信息后面也都会出现全文获取链接；当点击该链接访问全文获取功能时，权限控制发生作用，登录用户会直接进入填写订单的界面，未登录用户则会出现登录、注册、直接网银支付等入口选择。

对于那些绕过页面直接抛出URL链接调用相应业务的行为（如前文提到的恶意抓取二次文献的现象），则主要依靠服务器端对程序资源的调用策略来限制。如，用户可以通过NSTL检索页面进入检索结果浏览页，进而查看文献信息，这时浏览地址显示A；如果直接在浏览器中键入A地址则无法访问。客户端功能是否可用，只需要通过后台管理中的角色权限分配就可实现，目前已有很多比较成熟的权限控制系统可以直接使用或者借鉴。

（3）数据权限的控制

数据权限主要针对数据库访问进行控制，包括行级和字段两个层次。行级数据权限用来限制用户对单条数据的访问权。在NSTL信息服务子系统中，集团用户对从属用户的管理机制就是一个典型的行级数据权限控制。一个集团用户只能管理自己的从属用户，包括从属关系的建立和撤销、资金账务的管理等；对那些没有隶属关系的从属用户和独立用户则没有任何操作权限。字段级数据权限控制规定用户访问记录的哪些字段。限制单个字段的浏览操作主要体现在NSTL文献检索结果浏览模块中。NSTL信息服务子系统提供简要和详细两种文献显示格式，用来控制具体应用场景下二次文献数据表中哪些字段显示，哪些字段不显示。

（4）**传输的保密与完整**

保密性要求确保通信内容不被他人捕获，不会泄漏敏感信息；完整性则要求信息在传输过程中，接收方应能及时察觉，丢弃无效数据。以“嵌入到第三方检索界面”为例，允许其他机构将NSTL检索服务嵌入本地网站，检索接口的开放带来了新的安全隐患。在软件设计中主要采用IP认证和加密技术确保接口的安全与合理使用，用户和应用系统之间在网络上传输的所有数据全部用会话密钥加密，直到用户退出系统为止，而且，每次会话所使用的加密密钥都是随机产生的，这样攻击者就不可能从数据流中得到任何有用的信息。NSTL文献数据发布到信息服务子系统的过程则充分体现了在数据完整性方面的安全设计。NSTL数据仓储子系统将文献元数据发布为TFO数据文件，存放在主服务器的指定目录下。各个信息服务子系统的监听程序发现有新的数据到达，则主动发起FTP下载请求。数据文件的传输是一个FTP过程，而文件的可靠性则通过应用设计中的检验机制来保证。简单地说，主服务器是一个FTP SERVER，在接收到下载请求之后，将TFO数据文件连同文件的MD5值一起发送给请求方。当请求方下载结束之后，对数据文件进行MD5校验，如果得到的MD5值和接收的相同，可以确认所下载的数据文件是完整可信的。

4 NSTL网站的推广策划

笔者通过文献调查和访问NSTL网站发现，NSTL网站资源丰富，服务项目众多，但使用率不高，与其中心网站的组织与营销不无关系。为了让尽可能多的潜在用户了解并访问NSTL网站，有必要对NSTL网站进行全方位营销策划。笔者认为，NSTL网站的营销策划主要分两个步骤：一是优化NSTL网站的信息组织，二是对NSTL网站进行宣传推广。

4.1 优化网站的信息组织

信息的合理组织与表达是实现性能良好的信息检索与信息获取的重要前提，是成就网站友好性与可用性的核心因素。缺乏良好组织的信息由于没有给读者留下思维的空间或不符合用户的思维习惯，会大大降低信息传递与接收的效率[1]。NSTL网站作为一种先进的信息环境和信息传播媒介，是NSTL开展网络信息服务、树立网络形象的重要平台。但现行NSTL系统网站的信息组织并不完善，存在诸多问题，限制了网站功能的发挥，有必要进行优化。

[1] 曹丽娟，吴齐. 辽宁省高校图书馆网站信息组织现状研究[J]. 沈阳建筑大学学报，2007，9(4):507-509.

4.1.1 重新规划和设计主页

NSTL网站主页是作为NSTL对外服务的主窗口，不仅需合理地组织发布NSTL的馆藏、电子资源、服务项目等信息内容，以便用户能够快速、准确地检索到所需信息，而且还需页面结构清晰、主次分明，并从主页中体现出NSTL资源与服务的特色。但现行NSTL网站主页的信息组织比较混乱，如，上下工具条都有“文献检索 | 全文文献 | 目次浏览 | 目录查询 | 热点门户 | 网络导航 | 参考咨询”等栏目，栏目的重复设置，不仅占用宝贵的首页位置，而且也容易引起用户误解，即上下工具条中同一个栏目的内容是否不同。再如，现行NSTL网站主页三个“文献检索”按钮及“简单查询”提交后均指向同一个网页，内容过于重复。因而有必要重新规划和设计NSTL主页的内容与功能板块。

我们可以以分面分类法为基础，结合主题分类法对NSTL网站的信息进行规范化地组织。首先，根据NSTL网站提供的信息将其分成两个基本面，即资源分面和服务分面。其次，根据内容主题再将资源分面划分为图书、期刊、学位论文、会议文献、专利文献、标准文献、特色文献，服务分面划分为文献检索、联合目录、引文服务、网络导航、参考咨询等。再次，用“TT”布局NSTL主页，顶部为NSTL网站标志加广告条，“TT”型上方为主工具条及用户入口，“TT”型中间左侧是期刊浏览，中间为文献检索及NSTL资源，右侧为公告栏及NSTL服务。

图22是NSTL网站主页构建示例。上述页面设计简洁易用，功能板块和栏目划分十分清晰，不仅避免了现行NSTL网站主页上下工具条栏目重复、内容重复等问题，而且还突出了NSTL网站的重点，即资源和服务，用户访问NSTL主页后一眼就可知NSTL网站所包含的资源及所提供的服务。

图22　NSTL网站主页构建图[1]

4.1.2 构建合理的学科结构体系

学科结构是影响资源整体结构的主要因素。学科结构是否合理，配置是否优化，直接关系到整个资源格局的合理性和优化程

[1] 张智雄.NSTL三期建设：面向开放模式的国家STM期刊保障和服务体系(PPT).

度，对于满足用户需求，提高文献保障具有显著的影响[1]。学科结构的划分可以采用已有的文献分类法（包括综合性的分类法与专业或专题分类法），也可以结合自身特点与目的对已有的分类法进行适当改进，或者采用自编分类法。NSTL现行网站的学科划分基本借用文献分类法，但没有形成统一标准，不同栏目采用不同的分类标准。

表3是NSTL网站栏目学科划分表，从表中可以看出NSTL网站不同栏目采用不同的学科划分，而且同一栏目下学科划分标准也不统一。NSTL网站的此种学科划分对于以理、工、农、医为主的NSTL科技文献资源划分存在诸多局限。笔者认为，应当通过对NSTL资源建设整体目标的确认，结合具体的数据分析结果，在《中国图书分类法(第四版)》的基础上，来进一步确立NSTL资源的划分体系，并在保持中图法分类的基础上，针对科技文献的特点，对《中图法》列类的详简程度和平衡状态进行相应的调整。可以从下述几个方面加以考虑：一是理工农医四大领域所对应的学科，以《中图法》二级类目为基准进行细分，其他学科如交通运输等保持一级大类的划分。二是对理工农各大类中的综合性和总论性类目进行合并，例如，工业技术（T大类）和一般工业技术（TB）进行合并，农业科学（S）和农业基础科学（S1）进行合并。三是明确NSTL资源分类体系的各级类目，NSTL资源分类体系可设计为10个

[1] 白海燕，胡铁军，梁芳.NSTL资源规划和建设中的学科测度、分析与评价[J].情报学报，2009，28(2):266-273.

大类，50个细类，具体类目名称可参见表4。NSTL网站可根据具体栏目设置需要，选择大类或细类进行分类，但要做到整个NSTL网站仅有这两种分类体系。

表3　NSTL网站栏目学科划分表

栏目名称	类目名称
目次浏览（刊名分类导航）	哲学、宗教，社会科学总论，政治、法律，军事，经济，文化、科学、教育、体育，语言、文字，历史、地理，自然科学总论，数理科学和化学，天文学、地球科学，生物科学，医药、卫生，农业科学，工业技术，交通运输，航空、航天，环境科学、安全科学
网络导航（资源指南）	数学，信息科学与系统科学，力学，物理学，化学，天文学，地球科学，生物学，农学，林学，水产学，基础医学，临床医学，预防医学与卫生学，药学、工程与技术科学，基础学科，测绘科学技术，材料科学，矿山工程技术，冶金工程技术，机械工程，动力与电气工程，能源科学技术，核科学技术，电子、通信与自动控制技术，计算机科学技术，化学工程，纺织科学技术，食品科学技术，土木建筑工程，水利工程，交通运输工程，航空、航天科学，环境科学技术，安全科学技术
网络导航（分类导航）	数学和物理，化学，天文和地球科学，生命科学与生物学，农业科学，医药科学，工程技术，交通和运输，航空和航天，环境科学

表4 NSTL资源分类体系表

部名称	大类名称	细类名称
理	自然科学总论，数理科学和化学，天文学、地球科学，生物科学	自然科学总论，数理科学，化学和晶体学，天文学、地理科学，生物科学
工	工业技术，交通运输，航空、航天，环境科学、安全科学	自动化技术、计算机技术，建筑科学，一般工业技术，无线电电子学、电信技术，石油、天然气工业，化学工业，轻工业、手工业，原子能技术，水利工程，电工技术，能源与动力工程，机械、仪表工业，武器工业，矿业工程，冶金工业，金属学与金属工艺，交通运输、航空航天，环境科学、全安科学
农	农业科学	农业科学，农业工程，畜牧、动物医学、狩猎、蚕、蜂，农学（农艺学），林业，植物保护，园艺，农作物，水产、渔业
医	医药、卫生	基础医学，预防医学、卫生学，中国医学，临床医学，妇产科学，神经病学与精神科学，医药卫生总论，口腔科学，内科学，儿科学，药学，外科学，眼科学，肿瘤学，耳鼻咽喉科学，皮肤病学与性病学，特种医学

4.1.3 设置完善的导航系统

网站导航系统是用户自由浏览的保证，设计时可依据网站和栏目的规模选择使用不同的导航系统。全局导航系统应该覆盖网站全部内容，等级导航系统则要以清晰、统一的形式指示用户当前位于等级结构中的位置[1]。

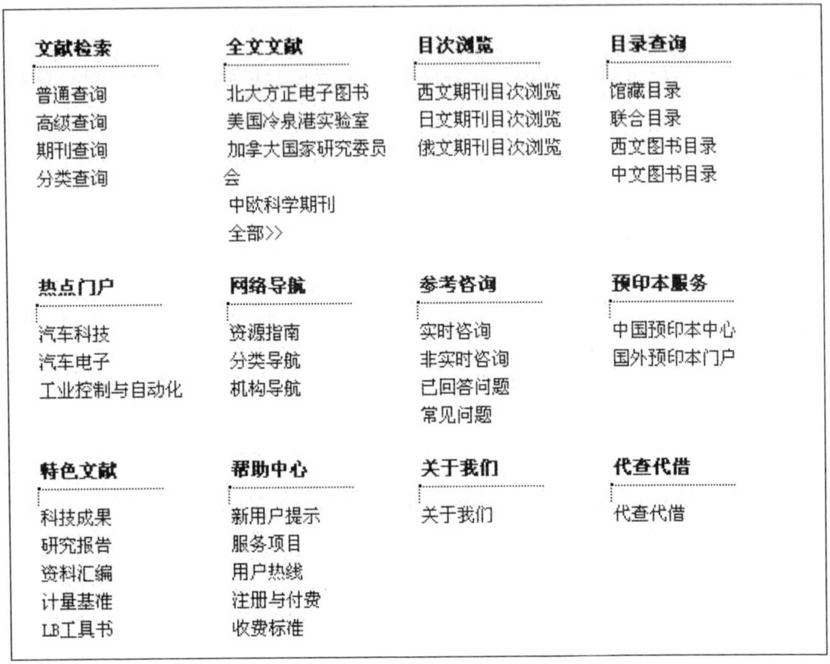

图 23　NSTL 现行系统的网站地图

图23是现行NSTL系统的全局导航系统，采用的是网站地图的形式。但是，这一全局导航系统存在以下问题：一是全局导航系统没有覆盖网站全部内容，遗漏了部分网站信息资源的链接。如，NSTL网站首页出现的“甲型流感专题”“引文数据库”等在网站地图中并未出现，然而首页出现的“甲型流感专题”“引文数据库”等

[1] 曹丽娟，吴齐. 辽宁省高校图书馆网站信息组织现状研究[J]. 沈阳建筑大学学报，2007，9(4):507-509.

信息却是当前阶段的热点。二是网站地图栏目的链接与网站工具条栏目的链接格式不相符。如，图24是点击工具条“目录查询”下的“西文图书目录”栏目返回的界面，图25是点击网站地图“目录查询”下“西文图书目录”链接返回的界面，我们发现两者内容相同，但格式却不相同(如图24、图25所示)。

图24 点击NSTL“目录查询”下“西文图书目录”栏目界面

图 25　点击 NSTL“网站地图”下“西文图书目录”栏目界面

此外，等级导航系统提供用户在当前位置前进或后退的便利，尤其当用户进入等级较深层次的时候，位置的提示作用是很重要的。但现行NSTL系统的等级导航系统是缺失的。仍以“目录查询”栏目为例，用户进入后可从左侧的“馆藏目录”“联合目录”“西文图书目录”“中文图书目录”选择进入相应的二级页面，但进入二级页面后，由于没有等级导航系统，如果用户想进入其他目录，只能从工具条的“目录查询”重新进入后再行选择。

针对现行NSTL网站导航系统存在的上述问题，有必要进一步将其完善。NSTL网站的全局导航系统仍可以以网站地图的形式出现，但应覆盖重新规划后网站所有的内容和功能板块，并且工具条栏目链接内容的格式应与导航链接内容的格式保持一致。针对现行NSTL网站等级导航系统缺失问题，重新设计后的网站应增加等级导航系统，可借助网站名称、图表、当前位置提示等提供清晰的网站环境信息。

4.2 宣传推广

NSTL网站建立后如果不想使其成为信息孤岛，让尽可能多的潜在用户了解并访问，就需要有效实现NSTL网站的宣传推广。NSTL网站的宣传推广分为在线宣传推广和离线宣传推广两种方法[1]。在线宣传推广是借助因特网的宣传推广方法，离线宣传推广是一种不借助于因特网的宣传推广方法。不同宣传推广方法所需人力、物力、资金和所需时间差别很大，宣传效果也不一样。在线宣传推广主要包括搜索引擎推广、资源合作推广、电子邮件推广等，其好处是投资少、见效快、效果好。离线宣传推广主要包括学术会议推广、设奖学金推广及科研项目推广等，其好处是针对性强。

[1] 陈竞亚. 档案网站的特点和宣传推广策略 [J]. 广东档案，2006(5):24-26.

4.2.1 搜索引擎推广

搜索引擎推广是指利用搜索引擎、分类目录等具有在线检索信息功能的网络工具进行网站推广的方法。由于搜索引擎的基本形式可以分为网络蜘蛛型搜索引擎（简称搜索引擎）和基于人工分类目录的搜索引擎（简称分类目录），因此搜索引擎推广的形式也相应地有基于搜索引擎的方法和基于分类目录的方法。考虑到NSTL作为国家级公益性项目，去除竞价排名等推广方式，NSTL网站基于搜索引擎的推广方法主要包括搜索引擎优化和关键词广告两种方式，基于分类目录的推广方法主要是在分类目录合适的类别中进行网站登录。

（1）搜索引擎优化

搜索引擎优化的主要工作是通过了解各类搜索引擎如何抓取互联网页面，如何进行索引以及如何确定其对某一特定关键词的搜索结果排名等技术，来对网页内容进行相关的优化，使其符合用户浏览习惯，在不损害用户体验的情况下提高搜索引擎排名，从而提高网站访问量，最终提升网站宣传能力的技术。一般的网页设计都由网页设计师完成，设计师设计网站往往仅从美观、创意和易用的角度考虑，这对于NSTL这样一个期望获得搜索引擎排名靠前的网站来说，已经远远不够了，因此，NSTL网站策划人员与设计师应该在设计与制作的各个环节体现搜索引擎优化因素。如，现行的NSTL整个网站以框架形式体现，但由于搜索引擎无法识别框架，因而需对框架进行优化，即在代码中使用“Noframes”标签进行优化，把“Noframes”标签看作是一个普通文本内容的主页。同样，搜索引擎无法识别图像、FLASH中的信息，对这些内容都有必要在源文件中用Alt属性进行优化。

（2）关键词广告

根据潜在客户或目标用户在搜索引擎中查找所需网站时输入的语言，产生了关键词的概念，关键词成为搜索引擎优化工作的核心。NSTL作为我国国家级的科技信息资源平台，当用户搜索科技文献资源时，可能会在搜索引擎中输入“科技文献”“科技文献查询”等词，因而可以将“科技文献”“科技文献查询”等词定义为核心关键词。NSTL网站核心关键词的设定，不能完全依赖于单一词汇，而是在单一词汇基础上进行扩展，如：文献－科技文献－科技文献查询。NSTL网站核心关键词还需进行多重排列组合，改变短语中的词序以创建不同的词语组合，如“文献查询－科技文献查询”。当然首页和内页的关键词应有所区别，正如我们可以将NSTL网站首页关键词定义为“文献－科技文献－科技文献查询”，而再根据具体内页内容定义关键词，“全文文献”栏目内页，关键词定义为“科技文献－科技文献原文－科技文献原文提供”。

现行NSTL所有页面源文件内容仅包含“<title>国家科技图书文献中心欢迎您</title>”title标签，没有META标签，有必要增加，可将首页META标签定义为“<meta name= ‘Keywords’ content= ‘文献－科技文献－科技文献查询’ > <meta name= ‘description’ content= ‘国家科技

文献图书中心，提供中外文期刊、图书、会议文献、科技报告、学位论文、专利、标准等科技文献检索、原文提供等服务。' >"。

（3）分类目录登录

网站分类目录是把互联网上网址网站信息整理在一起，按照不同的分类、主题，放在相应的目录中。网站是否被分类目录收录不在于访问者是否通过目录链接到网站，而在于能提高搜索引擎中网站权重，提高网站排名，获得更多网站的推广机会。目前，对于中文网站来说，最重要的分类目录有以下几个：开放式目录ODP（Open Directory Project）[1]，雅虎，门户搜索引擎目录（包括搜狐、网易、新浪等）。上述目录登录方式可以分为免费登录和付费登录，NSTL作为国家公益性项目，可考虑提交至免费分类目录。

最重要的登录是全球最大的开放式目录库Open Directory Project。ODP的宗旨是：建立网上最全面、最权威的目录，以及一个被公众认为高质量的资源库。谷歌等重要搜索引擎都采用ODP的数据库，因而登录ODP目录可以在搜索引擎上获得好的排名，还会导致上百个链接指向登录的站点。登录ODP目录是免费的，但要接受较为严格的人工审核和较长时间的等待。要确保登录成功，必须完全遵守DMOZ登录条款。

笔者从DMOZ中文目录主页[2]查询得知NSTL网站并未被收录，反而是国内的一些公共图书馆、高校图书馆已被收录。因而有必要

[1] http://www.dmoz.org

[2] http://www.dmoz.org/World/Chinese_Simplified

将NSTL网站登录DMOZ分类目录，提交时需注意以下几点。

其一，选择合适的分类目录及子目录。从DMOZ分类体系可知，“参考”一级目录下设有“图书馆”子目录，应将NSTL网站向“图书馆”这一子目提交。

其二，描述网站的字数最好少于规定的最高字数，不要刚好达到字数极限，以免冗长的文字描述使得网站审核人员删除一些句段。我们可以这样描述NSTL网站：“成立于2000年6月12日，面向全国开展科技文献信息服务，包括文献检索和原文提供、联机公共目录查询、期刊目次浏览、专家咨询等服务。”

其三，提交后记下提交的日期及编辑员信息，且不要多次重复提交网站。

此外还可以选择其他重要免费目录包括雅虎、搜狐等进行登录。雅虎是最早开始做分类目录的网站，直到今天登录雅虎目录也是网站推广的重要环节。门户搜索引擎中仅搜狐对非商业型网站，如政府机构、慈善机构、学校等，提供免费登录服务。

4.2.2 资源合作推广

资源合作推广，主要通过网站交换链接、交换广告、内容合作、用户资源合作等方式，在具有类似目标网站之间实现互相推广。

交换链接是网站之间资源合作推广最常见的一种方法，又称“友情链接”“互换链接”等。指的是资源优势互补的网站之间分别在自己的网站上放置对方网站的标志或名称，并设置超级链接。根据对127所国内知名大学图书馆网站(包括12所香港、澳门、台湾图书馆网站)、17所国外知名图书馆网站、13个国内公共图书馆网站及12个国外公共图书馆网站调查发现，仅少数图书馆网站与NSTL建立链接。NSTL应进一步重视交换链接的重要性，与各知名图书馆或图书馆学教育与学术机构网站取得联系，并与国内外知名图书馆或图书馆学教育与学术机构的网站建立链接。除了与国内外知名图书馆网站交换链接外，NSTL还可考虑与数字资源提供商、知名出版商等资源提供者交换链接。

网络广告是一种很有潜力的广告载体，与传统广告相比，网络广告制作更为方便，见效快，交互性好，而且成本也相对较低。NSTL除在其网站推出介绍其资源与服务的录像或课件外，还可与国内外知名图书馆、数字资源提供商等进行不定期广告交换，从而也可对NSTL网站进行宣传推广。

随着搜索引擎使用的普及，与知名搜索引擎进行内容合作，也是NSTL推广的好方法。国内数字资源提供商的具体实践给了NSTL很好的启示。如，国内数字资源提供商北京万方数据股份有限公司和重庆维普资讯有限公司与百度搜索引擎合作，将其二次文献提供给百度搜索引擎，百度搜索引擎将其集成在搜索引擎中，当用户提交题名、作者等信息查询时，搜索引擎结果出现指向万方数据库或维普数据库的二次文献信息页面。NSTL可以借鉴万方、维普的做法，将其拥有的二次文献信息与知名搜索引擎合作，当用户在搜索引擎界面提交相关查询，出现指向NSTL网站的结果页面。

4.2.3 电子邮件推广

电子邮件推广是在用户事先许可的前提下，通过电子邮件的方式向目标用户传递有价值信息的一种网络推广手段。基于用户许可、通过电子邮件传递信息、信息对用户是有价值的是E-mail推广的三个基本因素。电子邮件推广的优势在于：一是范围广，只要拥有足够多的电子邮件地址，就可以在很短的时间内向数千万目标用户发布广告信息。二是操作简单，效率高，使用专业邮件群发软件可实现每天数百万封的发信速度，且不需要专业计算机知识。三是成本低，所有的费用支出仅是上网费，成本比传统广告形式要低得多。四是针对性强，反馈率高，电子邮件本身具有定向性，可以针对某一特定的人群发送特定的广告邮件，可以根据需要按行业或地域等进行分类，这样可使推广目标明确，效果非常好。

Hotmail.com是电子邮件推广的经典范例，其通过提供开放免费的电子邮件地址和服务，并在发送的每条免费消息底部附带上一个简单的标签："Get your private, free email at http://www.hotmail.com"，使Hotmail已经成为一大热门网站。

NSTL网站可根据用户注册时，或参考咨询不能实时回答时用户所留的电子邮件等形成邮件地址列表，并根据用户层次做进一步细分，适时向不同层面用户发送不同邮件。如针对已经是NSTL网站的用户，根据其感兴趣的主题发送电子邮件推荐新到文献；针对潜在用户，发送体验性的电子邮件，让其体验NSTL网站的资源与服务。此种推广方式不仅满足用户的个性化需求，也达到网站宣传推广的目的。

4.2.4 学术会议推广

我国每年举行大大小小的图书馆学术会议数量众多，由于图书馆的学术会议参加者多是专业学者，与会目的和针对性较强，NSTL可考虑在这些学术会议上进行推广。但考虑到NSTL作为我国科技文献核心保障平台，其推广应选择层次较高的全国性学术会议，如中国图书馆学会举办的中国图书馆年会及中国图书馆学会下属委员会举办的“青年学术论坛”和“百县馆长论坛”等。推广方式可以是会前以短片形式介绍NSTL的资源与服务，也可以由NSTL资深主讲人以PPT的方式介绍，还可以是会场外设置小型广告或于会议资料中夹NSTL广告等方式来实现推广。

4.2.5 高校奖学金及科研项目推广

NSTL可选择在高校长期设立“NSTL奖学金”，用于资助贫困学生或奖励优秀学生。可先在武汉大学、北京大学、南京大学等国内设有图书情报学教育机构的高校设立该奖学金，然后逐渐推广至其他高校。这样不仅可以资助贫困学生，鼓励优秀学生，而且也达到宣传推广NSTL的目的，让广大未来的科研人员从学生时代便记住NSTL。

NSTL还可以根据当年学术热点，结合NSTL发展需要设立科研项目，让广大科研工作者参与科研，间接达到NSTL的宣传推广目的。

结论与讨论

NSTL以其丰富的、独具特色的科技文献信息资源，通过现代化的网络信息系统，为全国各地科研院所、大专院校和公司企业提供了高效、优质、快捷的服务，受到全国科技界用户的广泛重视和好评。本书探讨了NSTL在文献保障结构方面面临的问题及解决方案，提出通过整合资源与服务、构建智能化的语义检索系统、构建情景敏感服务系统、开发开放式的检索接口和新的服务模式等措施来提升NSTL服务质量，并就NSTL系统面临的网络安全问题，提出了从硬件和软件两个方面进行解决的方案，促进NSTL系统在原系统的基础上能够形成一个功能更加强大，服务项目和服务内容都有所增加的新系统。为了扩大NSTL的知名度，还提出了具体的网络营销策略，使NSTL得以服务更多用户。

由于时间、精力和能力的限制，本书在探讨NSTL服务提升策略中所涉及的资源与服务整合、智能化语义检索系统的构建、情景敏感服务系统的构建、开放检索接口的构建、开放式服务模式的开发等方面仅通过引用他人图片的形式做了简要介绍，与之相关的计算机语言程序设计未能有效展开，此方面研究有待程序设计人员进一步完善。此外，为了适应不断变化的网络信息服务水平及发展趋势，有关NSTL服务的新模式，NSTL互操作机制的完善等方面研究有待进一步深入。

参考文献

[1] 华薇娜. 网络学术信息资源检索与利用[M]. 北京: 国防工业出版社，2004.

[2] 黄如花. 网络信息的检索与利用[M]. 武汉: 武汉大学出版社，2004.

[3] 谢斯，艾希吉，克里士南. 网络营销[M]. 喻建良，等译，北京: 中国人民大学出版社，2005.

[4] 张付志. 异构分布式环境下的数字图书馆互操作技术[M]. 北京: 电子工业出版社，2007.

[5] 中国互联网协会，中国互联网络信息中心. 中国互联网发展报告[M]. 北京: 人民邮电出版社，2004.

[6] 国家科技图书文献中心.2021年度报告.国家科技图书文献中心统计资料汇编[C].北京：国家科技图书文献中心，2021.

[7] 李晓华. 我国图书馆联盟的发展研究[D]. 湘潭：湘潭大学，2008.

[8] 张泉馨. E-MAIL营销及其策略研究[D]. 济南：山东大学，2005.

[9] 白海燕，胡铁军，梁芳.NSTL资源规划和建设中的学科测度、分析与评价[J]. 情报学报，2009，28(2): 266-273.

[10] 伯琼. 基于OCLC第三代编目系统Connexion的对国内联机联

合编目系统整合的构想[J]. 情报资料工作，2008，3: 28-32.
[11] 曹丽娟，吴齐. 辽宁省高校图书馆网站信息组织现状研究[J]. 沈阳建筑大学学报，2007，9(4): 507-509.
[12] 陈竞亚. 档案网站的特点和宣传推广策略[J]. 广东档案，2006，5: 24-26.
[13] 陈晓兰，张德云. 论图书馆联机联合编目中套录数据质量控制问题[J]. 图书馆，2008，2: 77-78.
[14] 戴龙基，张红扬. 图书馆联盟——实现资源共享与互利互惠的组织形式[J]. 大学图书馆学报，2000，18(3): 36-39.
[15] 方坚. CALIS和NSTL文献资源共享体系的比较研究[J]. 现代情报，2008，3: 81-83.
[16] 傅西平. 简论OCLC元数据服务的动态与启示[J]. 江西图书馆学刊，2002，32(4): 40-42.
[17] 高凡，徐引篪. 国外图书馆联盟研究进展[J]. 图书情报工作，2006，50(4): 83-87.
[18] 顾犇，王洋. 全国图书馆联合编目工作的回顾与展望[J]. 国家图书馆学刊，2008，65(3): 72-74.
[19] 韩红，朱江，黄缨. CALIS CSDL NSTL系统文献传递服务比较分析[J]. 图书馆工作与研究，2007，139(3): 64-67.
[20] 韩子军，江凌. 关于俄亥俄文献保障系统电子期刊中心的研究[J]. 现代图书情报技术，2002，95(4): 81-83.

[21] 郝艳艳. 图书馆联盟的构建模式与发展机制研究[J]. 图书馆论坛，2009，2: 256.

[22] 何凡. 论我国图书馆联盟建设中存在的问题及解决方案[J]. 内蒙古科技与经济，2009，185(7): 285-286.

[23] 黄如花. 学科信息门户信息组织的优化[J]. 图书情报工作，2005，49(7): 11-15.

[24] 贾春华，牟冬梅. 传统图书馆、门户网站和数字图书馆中信息组织方式的比较[J]. 情报资料工作，2004，5: 35-38.

[25] 贾宏. 基于元数据的数字图书馆信息组织述论[J]. 福建图书馆理论与实践，2006，1: 1-4.

[26] 姜华. 基于本体的语义检索技术研究与实现[J]. 知识组织与知识管理，2008，163(4): 39-43.

[27] 蒋敏. 中国图书馆联盟的建设与信息资源共建共享的发展[J]. 图书馆工作与研究，2006，28(4): 4-6.

[28] 焦丽. 我国信息组织述评[J]. 农业图书情报学刊，2008，20(4): 59-62.

[29] 解虹. 国内联合编目中心书目数据下载率分析[J]. 现代情报，2009，29(5): 131-133.

[30] 赖碧淡. 从OCLC剖析我国联机编目存在问题及发展取向[J]. 现代情报，2007，9: 43-45.

[31] 雷顺利，吴志荣. 论全球五大信息集成商的平台功能[J]. 图书

馆论坛，2009，29(1): 64-67.

[32] 李朝阳，高波. 英国图书馆信息资源共享模式[J]. 图书与情报，2009，53(3): 137-141.

[33] 李国庆. 世界图书馆联盟的典范: OhioLINK信息资源共享模式研究[J]. 图书情报工作，2006，28(4): 4-6.

[34] 李巍.Email营销策略运用浅析[J]. 平原大学学报，2005，22(6): 28-30.

[35] 李希海，赵俊杰，费志勇. 知识服务型高校门户网站信息组织模式研究[J]. 情报杂志，2009，28(7): 157-160.

[36] 李艳辉. 浅谈我国高校图书馆联盟的发展[J]. 内蒙古科技与经济，2009，184(6): 121-122.

[37] 李勇，张志刚. 基于本体语义检索技术研究[J]. 计算机工程与科学，2008，30(4): 17-19.

[38] 李育嫦. 国外情报检索语言互操作研究：模式、方法及启示[J]. 图书馆，2009，1: 43-45.

[39] 梁广寒. 档案馆网站信息资源的组织模式[J]. 武汉大学学报(人文科学版)，2004，57(2): 216-220.

[40] 林嘉. 欧美及我国图书馆联盟的建设与发展[J]. 图书情报知识，2003，24(2): 75-77.

[41] 刘静一，张健. 当今OCLC数据库检索技术和服务方式研究综述[J]. 新世纪图书馆，2009，2: 52-54.

[42] 刘明辉，周萍. 基于WEB挖掘的网站优化系统的研究[J]. 长春大学学报，2009，19(6): 35-36.

[43] 刘晓丹，吉久明. 科技文献共享平台用户满意度测评与决策支持系统研究[J]. 高校图书情报论坛，2009，8(2): 34-37.

[44] 刘兴琴，等. 典型网站信息组织体系比较分析[J]. 情报科学，2003，21(12): 1286-1288.

[45] 柳春阳，刘兹恒. OCLC对我国信息资源共享的启示——纪念OCLC40周年[J]. 图书馆，2000，5: 20-28.

[46] 芦晓，等. 国内商用数据库统一检索平台比较研究[J]. 图书馆理论与实践，2009，5: 67-71.

[47] 陆地，郭秦茂. 高校图书馆联盟建设浅论[J]. 现代服务，2009，3: 170-172.

[48] 吕志梅. 国外数字资源长期保存的现状、问题及对我国的启示[J]. 现代情报，2008，5: 28-29.

[49] 周佳贵，蔡舜. 评述美国NDIIPP数字化保存结构[J]. 图书情报工作，2006，50(10): 134-138.

[50] 梁娜，张晓林. 关于数字信息长期保存的元数据[J]. 四川图书馆学报，2002，125(1): 24-32.

[51] 赵俊玲. 澳大利亚网络信息保存项目PANDORA及其启示[J]. 情报理论与实践，2004，27(5): 552-554.

[52] 徐健. 英国网络信息保存联盟计划(UKWAC)及其启示[J]. 图书

馆论坛，2007，27(2): 81-84.

[53] 马江宝，高波. 台湾图书馆联盟信息资源共享模式研究 [J]. 图书情报工作，2009，53(5): 137-141.

[54] 王缓缓，钟永恒. 德国数字资源长期保存项目研究 [J]. 情报杂志，2006，25(12): 129-131.

[55] 马先皇. 中美图书馆联盟比较研究——以Calis和OhioLINK为例 [J]. 情报资料工作，2007，1: 86-91.

[56] 梅方权. 国家科技图书文献中心（NSTL）的发展分析 [J]. 农业图书情报学刊，2003，6: 35-38.

[57] 潘大胜. 基于WEB使用挖掘的资源网站优化 [J]. 百色学院学报，2009，22(3): 84-88.

[58] 皮介郑. 国家科技图书文献中心“网上科技信息资源指南”评述——一种基于网站的学科网络信息资源组织模式 [J]. 情报理论与实践，2005，28(3): 311-314.

[59] 全涛. 数字图书馆检索工具初探 [J]. 科技创新导报，2008，29: 251.

[60] 任凤英. 台湾图书馆联盟的运作对大陆区域图书馆联盟可持续发展的借鉴与启示 [J]. 农业图书情报学刊，2009，21(2): 5-7.

[61] 盛小平. OhioLINK的成就及启示 [J]. 大学图书馆学报，2008，6: 8-13.

[62] 孙琼. 加拿大图书馆联盟研究 [J]. 图书馆建设，2009，2: 81-84.

[63] 唐炜. 大型综合性中文门户网站信息组织体系分析[J]. 图书情报工作，2005，49(2): 27-31.

[64] 唐秀峰. 我国联合编目中心的比较与研究[J]. 图书馆学研究，2009，3: 48-53.

[65] 王海燕，李迁延. CLAIS文献传递系统与NSTL文献传递系统分析[J]. 现代情报，2005，25(11): 154-155.

[66] 王晖，廖运平. 美国图书馆联盟建设管窥及启示[J]. 图书馆，2005，2: 58-60.

[67] 王莉.NSTL网络服务系统的互操作机制[J]. 数字图书论坛，2008，53(10): 60-65.

[68] 王丽华. 我国图书馆联盟研究综述[J]. 图书与情报，2008，2: 29-33.

[69] 王真. 国外图书馆联盟的发展及启示[J]. 现代情报，2007，4: 128-129.

[70] 吴俊锋. 从联机编目中心与成员馆关系引发的思考[J]. 图书馆界，2009，2: 89-91.

[71] 吴雨华. OCLC WorldCat与Ulrich's数据在西文期刊编目信息获取方面的差异分析[J]. 图书馆建设，2009，6: 31-34.

[72] 熊建英，姚磊岳. 基于XML技术的异构数据库之间的数据迁移[J]. 江西蓝天学院学报，2007，2(1): 31-35.

[73] 徐敏. 国内外图书馆联盟比较研究[J]. 图书馆论坛，2009，

29(1): 16-19.

[74] 徐冉. 我国联合编目之现状及突破[J]. 内蒙古科技与经济，2009，192(14): 137-138.

[75] 徐以鸿，朱涛. NSTL与CSDL全文传递服务的比较与分析[J]. 江西图书馆学刊，2007，37(2): 60-62.

[76] 杨坚红. CALIS CASHL NSTL系统文献传递服务比较[J]. 情报科学，2009，27(1): 83-88.

[77] 张玫，等. 中国图书馆数字文献资源长期保存现状调查[J]. 图书·情报·知识，2009，128(3): 47-51.

[78] 张梅. CALIS体系结构、服务功能及有效利用[J]. 西安文理学院学报（社会科学版），2006，9(6): 105-107.

[79] 张敏. 元数据互操作方案研究[J]. 河南图书馆学刊，2006，5(1): 31-33.

[80] 张勤. 中美图书馆联盟比较研究[J]. 图书理论与实践，2005，2: 5-7.

[81] 张晓林等. 数字时代国家科技文献中心的战略选择[J]. 图书情报工作，2009，53(1): 42-46.

[82] 张智雄，等. CSDL全院联合数字参考咨询服务系统概况[J]. 现代图书情报技术，2006，133(2): 63-67.

[83] 赵晖. 图书馆联盟及其风险分析[J]. 图书馆事业，2009，39(2): 20-21.

[84] 郑邦坤. 省域混合图书馆联盟构建模式研究——以四川省图书馆联盟构建为例[J]. 情报科学，2009，27(5): 685-689.

[85] 钟嘉庆，张义芳，芦志刚. 数据仓库中重复记录清理算法研究[J]. 软件天地，2009，7: 4-6.

[86] 周敬. 大学图书馆联盟的风险及对策研究[J]. 情报探索，2008，127(5): 10-11.

[87] 周学敏. 我国联合联机编目的可持续发展战略[J]. 中小学图书情报世界，2009，3: 53-54.

[88] 周永红，刘昆雄，周朴雄.OCLC数字化信息服务发展经验分析[J]. 情报杂志，2008，1: 136-138.

[89] 左平熙. 英美图书馆联盟的灾难管理实践及启示[J]. 河南图书馆学刊，2008，2: 130-132.

[90] OCLC与Google交换数据，把数字图书链接到WorldCat[J]. 数字图书论坛，2008，49(6).

[91] 国家科技图书文献中心章程[EB/OL].[2009-09-28]. http: //www.bjkw.gov.cn/n1143/n1240/n1315/n1480/1039211.html.

[92] 日本国会图书馆. 日本国会图书馆因特网资源搜集、保存和提供计划[EB/OL]. 余敏，译.[2008-9-5].http: //www.ndl.go.JP/en/publication/cdnlao/058/582.html.

[93] KOPP J J. Library consortia and information technology：the past，the present，the promise[J]. Information technology and libraries，

1998， 17(1): 7-12.

[94] POTTER W G. Recent trends in statewide academic library consortia[J]. Library trends， 1997， 45(3): 416-434.

[95] ALEXANDER A W. Toward "the perfection of work"： library consortia in the digital age [J]. Journal of library administration, 1999， 28(2): 1-4.

[96] ARENAS M L, MOREL M P, JASMEN A M. Four years of academic library co-operation in Chile "alerta al conocimiento" [J]. Interlending & document supply, 2000, 28(4): 163-168.

[97] ARMS W Y, HILLMANN D， LAGOZE C, et al. A spectrum of interoperability: the site for science prototype for the NSDL [J/OL]. D-lib magazine, 2002,8(1) [2009-09-28]. http://www.dlib.org/dlib/january02/arms/01arms.html.

[98] OCLC to Conduct New Cataloging and Metadata[EB/OL]. [2009-09-15].http: // www.oclc.org/ news / releases/ 200688.htm.

[99] Standards Committee BC/Task Group 3.Niso Metaserch Initiative Metasearch XML Gateway Implementers Guide Version 1.0[EB/OL].[2009-09-15].http: //www.niso.org/ standards/resources/MI-MXG_V1_0.pdf.